U0521417

首席信息安全官

赋能企业进化升级

李贵鹏 著

电子工业出版社
Publishing House of Electronics Industry
北京·BEIJING

内 容 简 介

对于"为什么要成为CISO"这个问题,可能很多人会回答:"因为安全技术让我着迷,阻止风险事件或成功抵御黑客攻击带给我快感。"正是因为如此,即使CISO承受的工作压力很大,但对那些有抱负的人来说,这份工作依然充满吸引力。

每一位有志之士都希望进一步完善自己的职业规划,让自己在工作过程中可以持续升级与成长。本书围绕角色转变、数字化组织下的能力构成与落地、业务融合路径、未来发展等方面详细介绍了CISO这个新职位,涵盖了CISO新角色、能力修炼、承接战略、深化合作、团队建设、优化策略、人才培训等多个维度,是一本不可多得的事业进阶秘籍。对于信息安全高层管理者、信息安全总监、信息安全工程师等信息安全工作者来说,本书具有很强的指导和引领意义。

未经许可,不得以任何方式复制或抄袭本书之部分或全部内容。
版权所有,侵权必究。

图书在版编目(CIP)数据

首席信息安全官:赋能企业进化升级 / 李贵鹏著.
北京:电子工业出版社, 2025.5. -- ISBN 978-7-121-50098-5
Ⅰ. F272.7
中国国家版本馆CIP数据核字第2025EB6959号

责任编辑:刘志红(lzhmails@163.com)　　特约编辑:黄继敏
印　　刷:三河市鑫金马印装有限公司
装　　订:三河市鑫金马印装有限公司
出版发行:电子工业出版社
　　　　　北京市海淀区万寿路173信箱　邮编:100036
开　　本:720×1000　1/16　　印张:12.5　字数:200千字
版　　次:2025年5月第1版
印　　次:2025年5月第1次印刷
定　　价:88.00元

凡所购买电子工业出版社图书有缺损问题,请向购买书店调换。若书店售缺,请与本社发行部联系,联系及邮购电话:(010)88254888,88258888。
质量投诉请发邮件至zlts@phei.com.cn,盗版侵权举报请发邮件至dbqq@phei.com.cn。
本书咨询联系方式:(010)88254479,lzhmails@163.com。

PREFACE 前言

1995年,花旗银行遭遇了一起史无前例的风险事件:一名黑客入侵花旗银行的计算机系统,非法窃取1000多万美元。后来为了避免此类事件再次发生,花旗银行请来知名信息安全专家斯蒂夫·凯茨(Steve Katz)坐镇,任命他为首席信息安全官(Chief Information Security Officer,CISO)。而他也被公认为全球第一位正式的CISO。

至此,企业引进了一个新职位——CISO,以更好地保护技术基础设施的安全。但不得不承认,在之前很长一段时间内,CISO都是以"背锅侠"的身份艰难地生存着。他们经常会因为突然发生的安全事件而备受责难,或者直接被领导视作企业的"罪人"。

这种长期遭受误解的状态让CISO被边缘化,其拥有的发言权和决策权很少,与绝大多数高层管理者完全不可同日而语。甚至有些企业因为其对业务发展有一定的掣肘作用或负面影响,而将其定性为"Trouble Maker"(麻烦制造者)。

鉴于此,很多企业起初并没有重视CISO这一职位,在董事会占据席位对于CISO来说更是一种奢望。知名咨询机构Gartner提供的数据显示,预计到2025年,大约40%的企业将拥有一个由董事会成员监督的网络安全委员会,而截至2022年初,这个数字仅为10%。

随着技术的不断进步以及数字化时代的到来,大规模数据泄露与勒索攻击事件频发,不仅严重损害了企业的声誉和形象,还导致企业的收入和经济实力骤降。再加上国家监管力度的持续加大,企业对安全保护与合规的需求愈加强烈。

于是,越来越多的企业开始招聘CISO,并对该职位寄予厚望。很多企业希望CISO可以为董事会提供有价值的商业建议,并告诉董事会当企业发生严重的安全事件时，哪些重要的工作是必须做的。当然，如果 CISO 可以简明扼要地说清楚安全漏洞多长时间能修复、修复漏洞可以帮助企业避免或挽回多少损失等问题，董事会会更满意。

在越来越受重视的趋势下，CISO 的身价持续暴涨、职责范围不断扩大，"300万元年薪招不到优秀的 CISO"的话题更是一度成为霸屏热点。这意味着，CISO 的黄金时代已经到来。

担任 CISO 的你能否抓住机遇呢？这是一个值得思考的问题。如果企业恰好要对安全风险管控和合规机制进行改革，或者要进一步提高安全项目的成熟度，那么抓住机遇对 CISO 来说就很重要。在这段稍纵即逝的事业黄金期内，CISO 要找到充实自己的方法。

为此，我将一些我认为比较重要的方法编撰成书，以期帮助 CISO 获得更多资源，争取成功。这些方法不仅凝结了我多年积累的知识和实践经验，更关键的是融合了我希望向广大 CISO 传递的一些非常有价值的观点。

观点 1：摆脱"背锅侠"的称号，将保护企业的声誉作为核心工作十分重要。尤其到了数字化时代，企业的积极转型给了 CISO 一个由被动解决安全问题转向主动解决安全问题的机会。CISO 只有抓住这个机会，才可以提升自己在组织中的地位。

观点 2：数字化时代的 CISO "呼唤"领导力。CISO 应该把自己打造成一个具备商业性质的"领导"，及时输出有价值的商业建议，帮助企业以更低的成本、更快的速度抵御攻击，顺利解决安全问题。另外，注重治理，找到安全与业务发展的平衡点对 CISO 来说很重要。

观点 3：CISO 平时要与很多人打交道，例如，向领导汇报工作；和首席财务官（Chief Financial Officer，CFO）沟通，争取更多预算和资源；与人力资源业务合作伙伴（Human Resource Business Partner，HRBP）协调工作任务和目标并向下属传达；统筹指挥整个安全团队；与外部供应商和承包商谈判等。这意味着，CISO 要想更顺利、高效地开展安全工作，就必须积极参与到组织的各个运营环节中，并和相关人员建立关系。

观点 4：CISO 空有能力，却无法把能力落到实处是绝对不行的。CISO 应该将能力转变为"看得见摸得着"的实实在在的价值让企业的声誉不受损害，帮助企业降低甚至避免损失。

本书紧紧围绕这些观点创作而成，致力于把这些观点讲深、讲透、讲活。本书对这些观点进行深化、延伸、拓展，细分为三个部分：重新定义 CISO、数字化组织的 CISO、与业务共同成长的 CISO。每个部分都有其独特的魅力，详细讲述了 CISO 的成功之道。

一、重新定义 CISO

1. CISO 要更深刻地理解自己的职业，分析自己的现状与未来面临的挑战。

2. CISO 要转变角色，不要只把自己当作技术负责人，而要从提权路径、摆脱成本中心陷阱、进入决策层等方面入手提升自己，找到数字化时代的发展路径。对 CISO 来说，信任已经成为一个十分重要的差异化因素，如果 CISO 希望在企业中扮演更有战略意义的核心角色，就要集合利益相关者，与他们建立信任关系，使组织能考虑到他们的切实利益。

3. CISO 要明确自己的新角色，弄清楚转变后的自己是什么模样。

（1）围绕新角色绘制能力图谱，包括 30%显性能力（丰富 CISO 知识储备）、50%隐形能力（掌握 CISO 通用技能）、20%隐形特质（了解 CISO 自驱使命）。

（2）将经验和成果应用到工作中，培养战略思考能力，积极应对新的信息安全。

这一部分内容的主要目的是让 CISO 了解自己的新角色，培养与新角色相符的能力、工作方式及管理风格，以获得管理层的资源支持。

二、数字化组织的 CISO

1. 几乎所有 CISO 都处在数字化组织中，所以 CISO 应该修炼与数字化组织适配的商业能力，包括沟通与协调能力、领导力、市场营销能力。其中，沟通与协调能力是最值得关注的，CISO 要在董事会上"发声"，向董事会传递自己的需求，同时还要与其他部门沟通。

2. CISO 所习得的能力要承接战略，帮助企业应对数字化时代的安全挑战，包括防御策略变革、风险种类增多等。另外，数字化转型应该由 CISO 来提供安全保护服务，同时 CISO 还要构建数字能力安全体系。

3. 目前与 IT 部门共建安全体系已经成为大多数 CISO 日常工作的重心，但二者合作难的问题又让企业不得不想办法改善现状。

（1）CISO 可以参与组织战略规划，与 IT 部门统一目标。

（2）CISO 应该争取与首席信息官（Chief Information Officer，CIO）有同样的发言权，最好能和他们共享网络安全所有权。

（3）CISO 必须清楚谁向自己汇报，而自己又应该向谁汇报的问题。

（4）设置安全项目预算是很重要的，切勿让这项工作成为 CISO 升级的障碍。

4. 当 CISO 的能力达到一定水平时，CISO 要负责信息安全部门规划制定与组织架构搭建。

（1）掌握建立信息安全团队要考虑的几大因素，包括 7×24 小时响应需求、成员是全职还是兼职、如何控制成本等。

（2）搭建信息安全团队架构，明确信息安全执行工作组、信息安全审核工作组、应急处理工作组等不同工作组的职责。

（3）明确信息安全团队的绩效目标与激励措施，做到赏罚并重。

5. 修炼能力的最终目的是形成完善的解决方案，帮助企业做好信息安全保护与合规工作。CISO 要让自己的能力在以下数字化安全场景中顺利落地。

（1）抵御常见网络攻击。

（2）App 遭受攻击的处理。

（3）网络勒索处置。

（4）云服务风险处置。

（5）保护重大活动安全。

（6）互联网金融欺诈识别与处理。

（7）网络间谍渗透。

在工作和升级过程中，首先 CISO 要修炼多种能力，这一部分内容旨在帮助 CISO 习得这些能力；然后 CISO 要借助这些能力承接战略、与 IT 部门合作、加强团队建设；最后 CISO 要将这些能力应用到数字化安全场景中。

三、与业务共同成长的 CISO

1. 现在很多企业招聘 CISO 的要求之一都是"懂业务"，因为这样的 CISO 可以帮助企业降低风险成本，提升运营效率。换言之，你要想成为一位合格的 CISO，就必须"懂业务"，而且还要根据业务情况调整安全工作优先级。

（1）CISO 要在网络安全、数据安全、应用开发安全等方面为业务部门提供支持。

（2）为了不被同事误认为自己是"Trouble Maker"，CISO 要做中长期规划，将危机扼杀在摇篮里，具体工作包括识别规划、联防检测、响应恢复。

（3）在当前的业务运营环境下，网络攻击、数据泄露事件频发，业务部门面临很大的网络安全及转型挑战，CISO 要针对这些场景为业务部门提供相应的解决方案。另外，还有一项非常重要的工作是，CISO 要迎合业务发展，打造"零信任"的安全管理模式。

2. 任何策略都不是一成不变的，安全策略当然也是如此。从项目管理到技术管理，再到企业治理，其安全策略都要不断优化。

3. 一位优秀的 CISO 的归宿是变身为管理者，打造安全人才库，为企业输出更多安全人才。但就现阶段而言，安全人才内生已经成为一大难题，CISO 要做的就是解决这个难题。

（1）CISO 要强化认知，形成安全意识，并修炼举一反三地解决问题的能力。

（2）CISO 要围绕企业生命周期、企业组织架构开发安全人才课程体系。

（3）CISO 要将安全文化落到实处，具体可以从教、严、查、实四个维度入手。

4. 当 CISO 成为企业守护者时，其考虑问题肯定更长远。此时 CISO 会展望前景，以前瞻性思维为自己规划未来进阶路径。

（1）未来，CISO 的重要性将更加凸显，CISO 要具备更高的业务素养和能力，并有完善的 CISO 继任计划。只有做到这样，CISO 才能领导多元化的团队。

（2）毫不夸张地说，CISO 现在已经成为"香饽饽"，市场上也多了很多就业机会，就业前景良好。未来，CISO 将具有更强烈的使命感和责任感，也可以接触更多充满关爱、相互合作的伙伴。

这一部分内容不仅是对 CISO 与业务共同成长的描述，也是对 CISO 未来发展蓝图的绘制。CISO 要重视业务和安全人才培训，为行业甚至国家输出更多优秀的安全人才。

CISO 是一个尚且"年轻"的新职位，从事该职位的你不能奢望自己的成长可以一蹴而就，而应该追求"稳扎稳打"，一步一步地提升专业素养。尤其在 CISO 成为市场热点被一众企业追捧时，坚持"稳扎稳打"是最现实也最正确的选择。

作　者

2024 年 8 月 30 日

CONTENTS 目 录

上篇 重新定义 CISO

第 1 章 走近 CISO：什么是首席信息安全官 ································ 002
1.1 什么是 CISO ·· 002
1.2 现状与未来面临的挑战 ··· 011

第 2 章 角色转变：从技术人员到企业守护者 ································ 022
2.1 数字化时代，CISO 如何发展 ··· 022
2.2 怎样转变，成为企业的守护者 ·· 026
2.3 CISO 新职责：赢得信任 ·· 035

第 3 章 CISO 新角色：转变后的 CISO 是什么模样 ······················· 041
3.1 能力图谱 ··· 041
3.2 经验&成果 ·· 047

中篇 数字化组织的 CISO

第 4 章 能力修炼：CISO 应该具备商业能力 ································ 052
4.1 沟通与协调能力 ·· 052
4.2 领导力 ·· 058

4.3 营销能力··064

第 5 章 承接战略：将安全置于数字化转型战略的核心地位········069

5.1 数字化时代的安全挑战··069
5.2 从网络安全到数字安全··074
5.3 构建数字能力安全体系··080

第 6 章 深化合作：CISO 与 IT 部门共建安全体系··················086

6.1 为什么 CISO 与 IT 部门合作难·····································086
6.2 安全与 IT "分手" 的体现···089
6.3 如何让 CISO 与 CIO 牵手成功······································093

第 7 章 团队建设：安全部门规划与组织架构·························100

7.1 建设安全团队的考虑因素··100
7.2 安全团队架构与培训···106
7.3 绩效指标与激励措施···110

第 8 章 解决方案：数字化安全场景分析································116

8.1 抵御常见网络攻击··116
8.2 App 遭受攻击···119
8.3 网络勒索处置··122
8.4 云服务风险处置···125
8.5 保护重大活动安全··128
8.6 互联网金融欺诈···130
8.7 网络间谍渗透··132

下篇 与业务共同成长的 CISO

第 9 章 落地实施：调整安全工作优先级 ·········· 137

9.1 业务支持：降低风险，提升效率 ·········· 137

9.2 中长期规划：将风险扼杀在摇篮里 ·········· 142

9.3 当下：关注 TOP 场景 ·········· 147

第 10 章 优化策略：从项目管理到企业治理 ·········· 151

10.1 项目管理 ·········· 151

10.2 技术管理 ·········· 155

10.3 企业治理 ·········· 161

第 11 章 人才培训：打造数字化安全人才库 ·········· 166

11.1 持续的安全人才培训计划 ·········· 166

11.2 安全人才课程体系开发 ·········· 170

11.3 将安全文化落到实处 ·········· 175

第 12 章 前景展望：CISO 未来进阶路径 ·········· 180

12.1 未来的 CISO ·········· 180

12.2 CISO 的前景展望 ·········· 184

上 篇
重新定义 CISO

第1章

走近 CISO：什么是首席信息安全官

> 任何一位有远见的领导都深知：CISO 不再是巨头企业用来炫耀实力的"奢侈品"，而是中小企业都应该重视的"必需品"。如果你正担任此职位，并希望继续在企业中攀登，那你要知道 CISO 的角色是什么？CISO 的职业生涯将如何发展？CISO 与 CIO 有什么区别和关系？CISO 的工作现状如何？CISO 将面临哪些挑战？这些问题，你都可以在本章中找到答案。

1.1 什么是 CISO

21 世纪，信息安全已经成为大多数企业最关心的问题之一，CISO 也顺理成章地变身为安全行业的佼佼者。这也倒逼很多雄心勃勃的安全专业人员都致力于成为一位合格的 CISO，毕竟 CISO 是前途和"钱途"兼具的。但你不妨扪心自问一下：你真的了解 CISO 吗？如果你的答案是"不"，那你就要尽快熟悉这个职位。

1.1.1 CISO 定义与角色

2022 年 6 月，Facebook 母公司 Meta 正式任命副总裁盖伊·罗森（Guy Rosen）担任 CISO。值得注意的是，罗森是第一个在 Meta 担任该职位的人。起初 Meta 没有设置该职位，主要是因为该职位知名度不高，没有得到足够多的关注。而现在信息安全事件频繁发生，国家在信息安全方面的监管也越来越严，该职位逐渐被包括 Meta 在内的企业重视。

走近 CISO：什么是首席信息安全官 第1章

CISO 究竟是什么？如何定义？

CISO 是对信息安全进行评估、管理和实现的执行官，通常被视为企业执行层的关键职位之一。该职位可能由一个人承担，也可能由一组人承担，但无论如何，处于该职位的人都是信息安全的核心负责人，对企业内部的所有信息安全事务有最终决策权。

CISO 在企业中的角色是什么？

关于 CISO 的角色，知名研究机构 Forrester 曾经做过一次总结。认为，根据工作方式和性格，CISO 的角色可以分为 6 种，每种角色都有其独特的魅力和价值。

（1）变革型角色：担任此类角色的 CISO 往往"活力四射"，会积极推动企业的安全变革计划，也愿意主导一些可以帮助企业扭转现状的安全项目。

（2）"救火队"型角色：此类 CISO 负责重新构建安全团队，属于"背后付出者"。他们会默默努力，帮助企业降低损失和解决公关危机。而他们自己也会在动荡中不断成长。

（3）合规专家型角色：在监管比较严格的行业中，此类 CISO 十分常见。他们深谙监管机构的监管风格，也十分了解合规要求，可以帮助企业在安全方面达到合规标准。

（4）战术/运营型角色：此类 CISO 有很强的技术实力，可以很好地应对极具复杂性的攻击。对于企业来说，他们是很有价值的行动派。

（5）稳定型角色：此类 CISO 比较适合短时间内没有转型需求的企业。

（6）布道者角色：此类 CISO 愿意直接对接客户，做企业的安全代言人。他们可以凭借个人魅力获得相应的资源支持，通常服务于科技类企业。

斯蒂夫·凯茨作为全球第一个正式的 CISO，在其工作生涯中至少有 50%左右的时间在承担布道者角色。他倡导把安全文化与业务融合在一起，将安全问题视为业务问题，而非技术问题。他还会定期与业务领导会面，以赢得更多资源支持和合作机会。即使到了现在，他的想法和工作方式依然是前卫且符合时代发展潮流的。

在这些不同角色的背后，能否挖掘出关于 CISO 的普遍性职责？

要了解一个职位，最好的方式就是从该职位的职责入手。不同 CISO 的角色是不同的，斯蒂夫·凯茨凭借自己多年的工作经验，精准地提炼出了 CISO 的职责范围。他认为，CISO 职责大致都可以分为以下几种。

（1）安全运营：及时分析外部威胁，在出现安全问题时对安全问题进行分类与处理，保证企业的正常运营不被当前和未来的安全风险所影响。

（2）风险和情报收集：预测企业在发展过程中面临的安全风险，帮助董事会了解收购、并购等重要举措可能引发的安全问题，及时为领导提供情报。

（3）数据丢失和欺诈预防：想方设法防止员工滥用或窃取关键数据。

（4）安全架构设计：开发安全硬件和软件，完善 IT 与网络基础设施，重视安全问题。

（5）身份和访问管理：将受限数据和系统进行加密处理，保证只有得到授权的人员才能访问。

（6）计划管理：实施可以降低风险的安全计划或安全项目，如定期安装系统补丁等。

（7）调查和取证：调查违规原因并取证，处理相关责任人，防止再次出现同样的问题。

（8）治理：为顺利开展工作筹集资金，让管理者了解安全保护与合规工作的重要性。

值得注意的是，这些职责其实更多地与 IT 安全有关。但如果是追求事业成功的 CISO，只关注 IT 安全肯定是远远不够的，物理安全也非常重要。例如，CISO 要保证企业的办公室、工厂、实验室等不受黑客侵犯。

如果 CISO 兼顾了 IT 安全职责和物理安全职责，结果将会如何？

第一种可能结果：CISO 在企业中将获得前所未有的支持,管理者会允许 CISO 参与甚至主导能深刻影响企业安全性的重要决策。

第二种可能结果：CISO 在安全风险管理预算上有了话语权，而且当发生外部攻击时，CISO 可以与安全顾问、保险机构、安全事件响应承包商、架构恢复承包商等利益相关方共同协商。

第三种可能结果：包括董事会在内的管理者能意识到 CISO 的重要性，也会逐渐明白在安全事件发生后一味地指责 CISO 是不公平的。这样只会让企业失去更多本可以妥善解决安全问题的机会，更可能会失去一个甚至一群能让企业的声誉和形象不受损害的专业人才。

第四种可能结果：管理者给予 CISO 越来越多的理解和认可，力所能及地为 CISO 提供资源和技术支持，尽量帮助 CISO 成为企业的安全英雄。

从长远来看，无论是 CISO 的定义、角色还是职责，都会随着组织与社会的发展而或多或少地发生变化。地发生 CISO 要根据具体的变化情况不断充实自己，进一步提升自己的能力，争取不断提升并巩固自己在企业中的地位。

1.1.2　CISO 发展历程：从 1.0 到 4.0

2014 年，知名零售商 Target 遭遇大规模数据泄露事件，导致利润暴跌 45%以上，Target 的 CIO 和 CEO 在第一时间引咎辞职。后来董事会认为 Target 应该有一位更有能力也更懂信息安全战略和管理的 CIO，于是便请来了美国前国土安全部顾问。更出乎意料的是，Target 还设置了其历史上首个 CISO 职位。

没多久，家居建材用品零售商 Home Depot（家得宝）的数据也被黑客非法窃取了。Home Depot 也如法炮制，请来信息安全专家 Jamil Farshchi 担任 CISO。当时 Home Depot 给 Jamil Farshchi 开出的年薪为数十万美元，在工资水平整体比较高的美国，这是一个"不痛不痒"的价位，根本无法体现出 Home Depot 对 CISO 的重视。

2017 年，征信巨头 Equifax 泄露了大约 1.4 亿客户的敏感数据，被联邦政府罚款 7 亿美元，首席执行官兼董事长 Rich ard Smith 辞职。事件发生后，Equifax 决定以近 390 万美元的天价年薪把 Jamil Farshchi 从 Home Depot "挖"过来。

从 Target 设置其历史上首个 CISO 职位到 Equifax 用天价年薪"挖"人，CISO

的身价也从数十万美元暴涨到数百万美元。原因其实很简单：一是企业被攻击后的损失大得吓人，导致 CISO 越来越受重视；二是 CISO 经过多年发展，已经从 1.0 阶段升级到 4.0 阶段。

从 1.0 阶段到 4.0 阶段，CISO 究竟发生了哪些变化？

1.0 阶段：单点技术

CISO 这一职位刚刚出现时，从事该职位的还是一群职级比较低的安全负责人，他们最常做的工作是没有多少技术含量的病毒查杀，以及比较简单的风险事件处理、应急响应、IT 系统运维等。这意味着，在 1.0 阶段，他们只需具备一定的 IT 背景、掌握某项技术、知道哪种技术解决方案可以阻止黑客攻击就可以。而对于自己要保护的对象，他们可能觉得没有必要或不愿意花费很多时间和精力去深入了解。当然，这也是他们不被重视的关键原因之一。

2.0 阶段：组合项目技术

在 2.0 阶段，CISO 的职级稍微提高了一些，对自己的事业也有了更高的追求。之前 CISO 的职责也许是保护 IT 系统、处理风险事件等，而现在 CISO 的职责范围拓展到物理安全领域。正如前文所述，CISO 要保证企业的办公室、工厂、实验室等不受黑客侵犯。与此同时，CISO 还要保护物联网、工控等关键系统，甚至远程操作人员也在 CISO 的保护名单内。在这一阶段，CISO 要全面考虑和应对各种各样的问题，如安全运营、风险管理、合规要求等。

3.0 阶段：围绕攻防综合管理

3.0 阶段的 CISO 主要是围绕攻防进行综合管理。攻防，即攻击与防御，它们是一对矛盾统一体。没有攻击就没有防御，有了攻击就会激发防御。在之前很长一段时间内，CISO 在面临安全问题时是处于防御状态的，因为 CISO 要遵守法律法规，不能轻易地以攻击对抗攻击。但"未知攻，焉知防"，CISO 对攻防的认知和了解程度决定了其工作风格，也影响着工作成果。

漏洞攻防派与密码管控派的关注重点有明显差异：前者更关注病毒防御、入侵检测、漏洞扫描等；后者则更关注加密机、身份认证等。但现在安全问题日益复杂化，两个派别必须一起努力，才可以找到合适的解决方案。例如，热门的"零信任"理念就是以密码管控派主张的身份认证为核心的，结合漏洞攻防派主张的风险度量，是两派融合的产物。

4.0 阶段：围绕流程与业务进行管理

斯蒂夫·凯茨将安全问题视为业务问题，推动着 CISO 的角色发生变化。CISO 正在从以技术为重点转向以流程和业务为重点，并逐渐成为促进企业变革的中坚力量。在 4.0 阶段，CISO 可以参与安全与运营战略制定，也可以担任风险管理的执行层职位。

为了帮助企业增强信心，表明自己已经对组织的最大利益进行了深思熟虑，CISO 转变为一个将所有利益相关者，包括客户、业务伙伴、员工、董事会成员都集合在一起的角色。在安全问题上，CISO 要建立和维持自己与利益相关者之间的信任关系，以更好地帮助企业实现转型。在此过程中，CISO 将真正成为企业发展的核心推动者。

几年前，我曾经学习过这样一个案例：某安全厂商的内部网络遭受攻击，导致很多业务不得不中断。其实当时该事件很可能演变成影响极大的大规模社会性安全事件，但因为在攻击发生的第一时间，CISO 迅速带领安全团队采取了一系列补救措施，所以最终该事件得到了有效控制，只被安全厂商定性为一次损失不大的内部小型安全事件。

案例中的 CISO 做了哪些补救措施才保护了厂商的声誉和形象？

原来当攻击发生后，CISO 及安全团队立刻和产品开发团队沟通，携手对攻击进行响应和处理。CISO 也对恶意代码进行了识别和清除，并向产品开发负责人深入地解释了攻击是如何发生的，以及安全团队做了哪些工作来抵御攻击。

与此同时，CISO 还向管理者和董事会成员汇报，告诉他们安全团队的工作进度和工作成果，目的是让他们了解安全团队为组织带来了多大的价值。值得注意的是，CISO 尤其详细地说明了安全团队如何在事件发生后阻断了不法分子的通信，以及产品是怎样和其他厂商的产品对接从而使通信阻断速度进一步加快的。

听了 CISO 的解释,产品开发负责人不仅没有怀疑、威胁、指责安全团队,还在管理者和董事会成员面前赞扬了安全团队,并多次肯定了他们的工作。后来 CISO 带领着安全团队在组织中担任了更重要的角色,并对业务的优化和提升做出了很大贡献。

虽然这个案例可能不具备普适性,但至少可以说明:当安全事件发生后,以产品开发团队为代表的业务部门盲目地"甩锅",对解决安全问题是没有任何作用的。另外,这个案例也体现了合作的重要性,让 CISO 意识到自己应该做哪些有补救意义的工作。

从 1.0 阶段到 4.0 阶段,无论是 CISO 对安全本身的认知,还是 CISO 自己的角色,都发生了很大变化。而且现在与以往任何时候相比,CISO 的职责范围都更广泛。在这种情况下,CISO 要重新定义自己,将自己打造成为业务推动者,尽快熟悉业务活动、学习业务语言,并用业务语言与业务部门交流和沟通。同时 CISO 还要重视隐私保护,了解相关法律法规。

当然,对于只热衷和醉心于技术的 CISO 来说,上述要求似乎有些强人所难。不过一旦达到这样的要求,其就可以在企业内部获得更多话语权和资源支持。

1.1.3　CISO 与 CIO 的区别和关系

在 CISO 尚未正式成为一个职位前,很多企业都将安全管理工作一股脑儿地丢给 CIO 负责。这似乎已经成为一个习惯,甚至是一件天经地义的事。但越来越多的真实案例证明,让 CIO 兼任 CISO 是一个非常错误且很容易造成巨大损失的决策。

以前文提到的 Target 和 Home Depot 的数据泄露事件为例,这两起事件泄露的数据量都很大。而且,它们的数据库被不法分子持续攻击了数月之久,它们却没有察觉到任何异样。直到银行向它们发出警告,它们才知道自己的信息系统出现了问题。这就好像你的东西已经丢了很长时间,你自己却不知道,等到别人提醒才开始寻找。

对于攻击数据库或信息系统的不法分子来说，Target 和 Home Depot 这种没有 CISO 职位、缺乏安全意识和警觉性的企业是最佳攻击目标。这些企业把重心放在利润增长和战略规划上，不重视信息安全体系建设，更不用说花费成本招聘 CISO 去加固自己的安全"护城河"了。然而，一旦真的到了"城门失火"时，这些企业又会因为没有招聘 CISO 而后悔不已。

因此，为了更好地解决安全问题，保护数据库和信息系统不被攻击，几乎所有巨头企业，以及越来越多中小型企业，都在 CIO 的基础上又设置了 CISO，并为两大职位提供极具竞争力的薪酬。这种做法是正确的，也符合时代发展趋势，可以帮助企业打赢"安全战"。

CISO 和 CIO 有什么区别？

上述问题可能一直困扰着大多数 CISO。他们觉得自己和 CIO 没有什么区别，甚至可以负责 CIO 的工作。实际上，这两个职位还是有很大不同的。

与 CISO 相比，CIO 不仅是安全部门的首席执行官，还是一般信息系统的首席执行官。CIO 的主要职责是引进和运营信息系统，制定可以与信息系统融合的业务与发展战略。另外 CIO 还要负责 IT 投资、指导企业转型等工作。

CISO 负责的工作则比较细，包括针对外部威胁制定安全措施、实施网络与信息安全计划、与安全供应商合作、构建安全团队、对员工进行安全培训等。云视频会议软件供应商 Zoom 的 CISO Jason Lee 表示，他的工作主要是保护关键信息，包括客户与员工数据、源代码等，以及管理风险，并尽可能多地武装员工，帮助员工为抵御外部做好准备。

就安全投资回报率而言，CIO 似乎更倾向于走"党派路线"，当然这里我们暂且不讨论他们是不是被迫这样做的。而 CISO 往往更独立，也更重视保护组织。换言之，CIO 的目标是让企业获得盈利并实现战略目标，CISO 则希望在此基础上用更多的精力保护企业的安全。

由于 CISO 和 CIO 的角色和职责有所区别，因此他们对优先事项的安排可能存在冲突。例如，CIO 希望用更短的时间提供可靠的服务，CISO 则希望以更安全的方式提供这些服务。久而久之，他们就逐渐演变成为一对"相爱相杀"的矛盾体。

CISO 和 CIO 为什么会变成矛盾体？

（1）CISO 和 CIO 没有明确的责任划分，导致双方经常要争夺"领土"，或者出现双方都不愿承担项目所有权的情况。尤其在技术和安全重叠的领域，这种情况更是十分普遍。举个例子，当项目出现安全问题时，如果 CISO 对 CIO 说："都是因为你不按照我说你的那样做，结果才会……"，很可能招致对方的不满，使双方关系进一步恶化。情商高、有智慧的 CISO 可能会说："我们应该齐心协力，解决董事会、总裁认为的那些关键的问题，而不能推卸责任。"

（2）没有预兆的停机事件。企业一旦出现安全问题，就很容易导致停机事件。此时 CISO 和 CIO 可能会相互推卸责任，久而久之，他们就变成了利益相悖的矛盾体。其实很多时候，之所以会停机，是因为他们之间的沟通和协调出现了问题，而不仅仅是其中一方的责任。

（3）长期被非此即彼的对立心态影响。在 CISO 和 CIO 的工作过程中，明确区分"我们"和"他们"的对立心态是不正确的，会影响双方的工作关系，也不利于双方协作。

如何修复 CISO 和 CIO 的关系？

CISO 和 CIO 之间存在矛盾，企业必须想办法消除矛盾，修复他们之间的关系。

（1）建立清晰、明确的责任制。企业都希望 CISO 和 CIO 可以建立和维持一种无缝的工作关系。而要想实现这种关系，就要对双方承担的责任进行划分。

（2）CISO 和 CIO 都应该了解彼此的工作，成为彼此的导师，以避免双方意见相左甚至产生敌意。当一个人对另一个人的角色和职责有了更深刻的理解时，双方才更容易对优先事项达成一致意见，从而实现两个团队甚至整个企业的胜利。

（3）正所谓"退一步，海阔天空"，当 CIO 和 CISO 的关系几乎无法修复或没有修复的必要时，冷静下来退一步，会比让情况继续恶化最终影响组织发展更好。换言之，如果事件马上要走向极端，那企业就应该有序引导其中一方撤离"战场"。

只要修复 CISO 和 CIO 的关系，就"万事大吉"了吗？

当 CISO 和 CIO 的关系得到修复后，他们会从"相爱相杀"的矛盾体演变成为"相爱"的盟友。在前所未有的严峻形势下，他们的确应该建立共生的关系，这要求他们必须改变之前的工作模式，与对方更紧密地合作，不断优化彼此的关系。

但 CISO 只和 CIO 合作就可以吗？当然不是。如果你想成为优秀的 CISO，就要和很多管理者合作，包括 CFO、HRBP，以及首席运营官（Chief Operating Officer，COO）、首席法务官（Chief Legal Officer，CLO）等。CISO 要先取得他们的信任，然后让他们带动取得其他员工的信任。这样 CISO 才能迅速、高效地在组织内部推进安全工作。

假设你的企业遭遇了商业机密泄漏事件，那公安机关肯定会进行相应的调查。此时你要和 COO 配合公安机关完成取证、询问笔录、锁定嫌疑人等工作。另外你也要配合 CFO 一起评估和计算泄露事件给企业造成的损失，然后让 CFO 批一笔预算来弥补损失。

得益于 CISO 和其他管理者之间的深度协作，企业不必在转型和解决安全问题的过程中担心负面结果。因为每一方都扮演着自己应该扮演的角色，发挥着自己多年来积累的技能。这些不同的角色和技能融合在一起，对达成企业的战略目标有至关重要的推动作用。

当然，在如何实现战略目标这个问题上，有分歧是无法避免的。但在企业的引导和帮助下，CISO 将与 CIO 及其他管理者跨过"终点线"，并管理好他们之间的关系。

1.2 现状与未来面临的挑战

正所谓"知己知彼，百战不殆"，职场也是如此。如果你想成为一位高薪酬、高价值、受重视的 CISO，那就必须以全局思维洞察 CISO 所处现状如何，以及 CISO 未来面临的挑战是什么。这样可以大大提升你在职场中成功的概率。

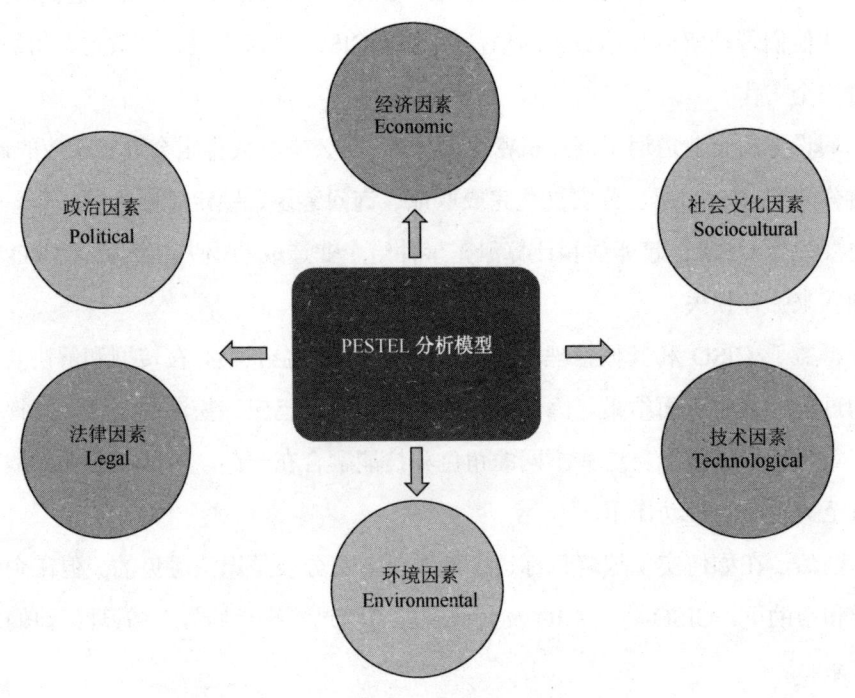

1.2.1 PESTEL 分析模型

PESTEL 分析模型是很多企业常用的战略分析工具之一，即通过对内部和外部环境进行分析，识别组织所面临的潜在风险和机遇。该模型由六大因素组成，分别是政治因素（Political）、经济因素（Economic）、社会文化因素（Sociocultural）、技术因素（Technological）、环境因素（Environmental）、法律因素（Legal）如图 1-1 所示。

图 1-1　PESTEL 分析模型

CISO 要做 PESTEL 分析吗？

当然要。CISO 在制定安全战略规划时，不可避免地要了解自己所处的环境。环境为 CISO、企业，乃至整个行业提供了赖以生存的"土壤"，它不仅可以创造机会，也蕴藏着一定的威胁。例如，监管机构对安全问题的严格监管，让 CISO 享受到了前所未有的待遇，但企业对 CISO 的高要求又让 CISO 不得不面临极大的工作和生存压力，从而必须想方设法提升自己。

另外，PESTEL 分析是开展一个万无一失的安全项目的前提理论。CISO 在主导或参与安全项目时，要通过 PESTEL 分析确定政治因素、经济因素、社会文化因素、技术因素、环境因素、法律因素的变化。CISO 可以根据这些变化制定战略性的工作计划，从而推动项目成功。

PESTEL 分析应该如何做？

PESTEL 模型由六大因素组成，那做 PESTEL 分析自然也应该从这些因素着手。

1. 政治因素（Political）

政治因素的关键词是政府政策，即 government policy。通常政治因素具有双面性。

一方面，政府可以通过相应的政策来引导或影响 CISO 和企业做安全决策。

之前在我国出现过因缺少政策依据而没有企业认领的安全违规事件、因为缺乏法律威慑而变本加厉犯罪的黑客、因为信息和数据泄露而分崩离析的企业。鉴于此，政府不断加强顶层设计，进一步完善相关安全政策，将主体责任落到实处，还整个网络一方净土。在一系列措施的影响下，企业必须改变安全战略，以安全保护与合规工作为核心，同时保证和提升 CISO 在企业中的地位，给予 CISO 相应的权利。

另一方面，企业可以用特殊的方法推动政府实施新政策。

目前比较常见的方法有：企业通过合法、正当的渠道向政府表达自己的诉求，如果诉求合理，政府将考虑企业的提议；企业也可以与政府沟通，让政府了解自己的内部情况，从而促使政府出台一些有利于自己和整个行业发展的新政策。

当然，CISO 可以把自己对安全战略、安全问题解决方案、安全项目实施计划等的想法和建议传达给总裁、董事会成员等高层管理者。他们通常会考虑 CISO 的想法和建议，然后在此基础上为 CISO 提供相应支持，如公布更符合 CISO 需求的安全制度等。

2. 经济因素（Economic）

经济因素是指企业外部的 GDP 及增长情况、产业结构、第三产业增加值。

2010—2020 年，我国经济呈现总体平稳、稳中向好的发展态势；2021 年，我国 GDP 达到 114.92 万亿元，比 2020 年增长了 8.1%；2022 年，我国 GDP 为 121.02 万亿元，与 2021 年相比有所增长，经济继续稳步发展。

产业结构是衡量经济发展质量的一个非常重要的指标。近几年，我国持续加快产业结构调整，推动第三产业发展，致力于打造以服务业为主导的产业结构。

如今，第三产业在我国经济发展中的作用越来越凸显，第三产业增加值不断增长。2022 年，我国第三产业增加值达到 63.87 万亿元。其中，金融业、信息传输业、软件和信息技术服务业、租赁和商务服务业发展比较好。

在我国，整体经济与第三产业都在不断发展。为了满足监管要求，第三产业的企业都希望借助信息化手段打造竞争壁垒，并进一步加大信息化建设投资。这些企业为安全行业的发展提供了更多机会，逐渐成为推动该行业发展的经济基础支撑。

3. 社会文化因素（Sociocultural）

社会文化因素的关键词比较多，包括行业发展情况、历史沿革、文化传统、社会价值观、教育水平、风俗习惯等。该因素会直接影响受众对安全产品、安全政策、安全制度等的接受程度，而且不同国家、不同地区、不同行业、不同企业都存在一定的差异。

从国家的角度来看，我国网民人数增长进入相对平稳的阶段，互联网的繁荣发展、移动终端设备价格的降低、接入互联网的操作更方便，为互联网的普及和推广提供了绝佳机会。但与此同时，安全风险日益突出，安全事件更是频繁发生，对我国安全、社会稳定及人民利益造成威胁，推动着政府出台更科学、完善的安全政策。

应该注意的是，安全政策服务于人民，监管的是企业，所以必须符合人民的普遍价值观，同时也要契合企业的战略规划、文化传统。

从企业的角度来看，企业推出的安全产品是为客户服务的，所以在开发产品时要考虑客户的使用习惯、教育水平等，保证产品对于他们来说是实用且容易操作的。

从 CISO 的角度来看，他们对接的除了客户，还有总裁、董事会等，这就要求他们在做任何工作时，包括提安全建议、培训安全人才、规划安全策略、与业务部门沟通等，都要多考虑对方。例如，有些企业的总裁没有足够扎实的安全知识储备，CISO 在与他们沟通时就要尽量避免使用专业术语或一些晦涩难懂的话，只要简短、精练地表达自己的诉求和想法即可。

4．技术因素（Technological）

5G、物联网、云计算、人工智能、边缘计算等新技术不断涌现，促使与信息安全相关的很多事物和工作都发生了变化，如信息获取方法、信息存储形态、信息传输渠道等。与此同时，网络结构比之前更复杂、数据量大规模增加，导致安全保护与合规工作的难度越来越大。在这种情况下，大多数客户都对安全体系提出了更高的要求，对引进安全产品的需求也越来越强烈。这推动了安全产品和服务的升级与推广，带来了更有价值的经济增长点。

5．法律因素（Legal）

《中华人民共和国网络安全法》（以下简称《网络安全法》）为安全行业打响了合规的"第一枪"，也让企业的安全工作发生了很大变化。《网络安全法》对关键信息基础设施保护提出了明确要求，这将在一定程度上扩大了安全行业的内需。

PESTEL 分析模型应该如何落地？

PESTEL 分析模型不是一个简单的工具，并不可以拿来即用。我认为，CISO 可以将它看作一种思维模型，时刻提醒自己必须经常关注各个因素的变化，并对变化保持足够强的敏感性。对于 CISO 来说，这个模型其实更适合应用在对内外部环境的宏观分析上，即从行业或组织的角度，制定工作计划与方案。

5．环境因素（Environmental）

环境因素可以细分为外部环境和内部环境。在外部环境方面，政策红利和产业红利推动着安全行业和 CISO 这个职位迅猛发展。详细来说，政府对安全技术孵化、安全知识输出、安全体系建设、安全人才培养越来越重视，支持力度不断加大，促使行业环境不断优化，为行业发展注入更鲜活的动力。

在内部环境方面，外部环境变化促使企业越来越关注安全保护与合规工作，不断提升 CISO 的地位和待遇。企业希望 CISO 可以帮助自己加强安全管理，更好地抵御安全风险。这样企业就不会因为频繁发生的安全事件或违规事件而遭受巨大经济和名誉损失。

1.2.2 现状 TOP 问题

如今无论是政府还是企业，都越来越重视安全问题，CISO 也受到了认可。但不得不承认，很多 CISO 虽然顶着"C 位"的头衔，在决策方面却没有"C 位"的。而且 CISO 可能还要应对来自外部的黑客攻击挑战，以及来自内部的工作压力。

CISO 这一职位已经问世多年，CISO 的现状究竟如何？

第一，保护云上安全是 CISO 的重要任务。

包括传统企业在内的大多数企业都在加速转型，这些企业对信息系统的依赖性越来越强，这会导致很多潜在问题。例如，当信息系统因为网络问题、硬件损坏、软件故障等因素宕机时，就可能引发数据泄漏问题，进而导致企业遭受巨额经济损失。

因此，为了提高业务的连续性和可靠性，企业开始将信息系统迁移到云端。但上云后的信息系统逐渐成为黑客的攻击目标，而且 IDC 的调查数据显示，每发生一次攻击事件，企业就要付出数千到数百万美元的成本。于是，为了避免遭受损失，很多企业都建立了专业的安全团队，并将保护云上安全的工作交给他们去做。

例如，亚马逊云科技（Amazon Web Services）建立了安全守护者小组，并按照一定的比例在内部设置 CISO 职位，使其为已经上云的产品和服务的安全负责。与此同时，亚马逊云科技把 CISO 与产品和服务团队融合在一起，将安全理念和技术传递给产品和服务团队。这样就可以把安全工作与业务变成一个整体。

从 2022 年开始,亚马逊云科技定期/不定期地在我国举办 CISO 对话活动,将 CISO 聚集在一起探讨安全管理方案,旨在让安全问题不再成为业务在云上迅速增长的阻碍。在活动过程中,亚马逊云科技会输出自己在云上安全方面的实践经验,同时收集并分析 CISO 对云上安全产品和服务的具体诉求及其要解决的问题,从而不断迭代自己的产品和服务。

随着亚马逊云科技等企业对云上安全的重视,保护云上安全便逐渐成为 CISO 承担的最大工作压力之一。CISO 要担心很多事,如企业能否充分跟踪已经批准的云应用中的活动、员工是否使用了未被批准的云应用、企业的移动设备是否得到有效管理等。

未来,随着业务上云的规模持续加大,CISO 将面临更多挑战。例如,网络犯罪组织可能会利用合法的操作系统、工具以及云服务中的漏洞来入侵企业系统。为了对抗这些犯罪行为,CISO 要培养自己对企业网络架构的可见性和管控能力,保护好人们通过云上传、存储和共享的信息。

优秀的 CISO 往往会主动部署端到端解决方案。在此方案的指导下,CISO 通常不再只依靠一次性修复和被动打补丁的方式保护机密数据,因此可以使机密数据更安全地存储。与此同时,被迁移到云上的业务和信息系统也会得到充分保护。

第二,CISO 要妥善处理安全人才短缺问题。

安全人才短缺问题其实不只是 CISO 面临的问题,而是整个安全行业面临的问题。相关数据显示,2023 年,全球网络安全专业人才缺口高达 400 万人。国际信息系统审计协会更是直言不讳地指出,现在是安全人才极度短缺的一代。

虽然很多企业都设有 CISO,但其实并不重视他们,也不认可他们的战略职能,甚至将他们视为 IT 部门的附属品,只让他们负责技术支持和解决临时突发的信息安全事故。为了摆脱困境,越来越多的 CISO 都希望董事会中至少可以有一个懂信息安全的成员。

但在之前很长一段时间内,在董事会中安排了信息安全专家的企业只是少数,还有些企业直言不会让信息安全专家进入董事会。久而久之,CISO 就会觉得自己和其他部门甚至整个企业都是脱节的，而且自己也无法在工作过程中得到合理的管理与指导。

好在随着安全行业的不断发展，越来越多的企业已经了解到 CISO 的价值和作用。这些企业意识到 CISO 有利于增加利润和提升声誉，因此积极寻找合适人选。

安全人才如此短缺，如果企业找不到合适人选，应该怎么办？

NYDFS 条例为资源有限的企业指明了方向，其规定企业可以雇佣一位"虚拟首席信息安全官"（vCISO），让对方通过远程操作随时提供相应的服务。按照不同的工作模式，vCISO 可以细分为以下 3 种类型。

（1）空降模式：直接"空降"到企业，帮助安全人才完成特定的安全项目，然后离职。

（2）兼职模式：vCISO 可能有自己的全职工作，因此以兼职模式为企业提供服务。vCISO 会在安全战略规划上帮助企业，等战略执行步入正轨后，剩余工作由企业内部人员接手。

（3）咨询模式：vCISO 只为企业提供咨询顾问服务。以该模式工作的 vCISO 可以同时服务多家企业，获得多份薪酬。

在某些情况下，雇佣 vCISO 的确是一个不错的方案，但与真实的 CISO 相比，vCISO 没有那么了解企业的业务，而是更关注运营安全与合规。因此，CISO 不妨从业务等方面入手与 vCISO 竞争。当然，在适应企业文化、无缝切换不同客户端、安全工作经验、紧急事件响应即时性等方面，CISO 比 vCISO 更胜一筹。

1.2.3　数字化时代面临的挑战

知乎上曾经有这样一个问题："CISO 什么时候会被淘汰？"对于 CISO 来说，这的确是一个很尖锐，却又非常现实的问题。在 CISO 的职业生涯中，每隔一段时间可能就会出现一个新风口，鉴于此，CISO 应该经常反思自己之前做的是不是对的事。而反思的过程其实也是 CISO 总结和应对挑战，从而持续提升自己的过程。

进入数字化时代，CISO 面临哪些挑战？

数字化时代给 CISO 带来的第一个挑战是安全信任挑战。

安全信任挑战的典型表现是，CISO 和高层管理者在网络与信息安全方面有不同的看法和见解，他们之间的思维差距比较大。

思维差距一：以技术为重点还是以业务为重点？

CISO 职位是在 IT 环境下诞生的，所以管理者会自然而然地认为 CISO 应该负责 IT 安全。但大多时候，CISO 对业务情况及其转型进程缺乏了解。此外，为了避免麻烦，CISO 可能根本不想参与业务部门的工作，也就无法知道业务部门的要求及其紧急程度。

现在这种情况正在慢慢改变，地位的提升让 CISO 不得不将工作重点从技术转向业务。虽然这对于 CISO 来说并不容易，但 CISO 也要主动学习新知识和新技能，以更好地与业务人员互动。在数字化时代，CISO 必须具有敏捷性，要做业务创新的推动者而不是阻碍者。

在为业务部门部署应用程序或新技术的过程中，CISO 的角色应该是安全顾问。之前 CISO 可能只会和业务部门说"不"，而现在与其说"不"，不如和业务部门通力合作，商量一下如何以更快的速度和更安全的方式完成上级交代的任务。

思维差距二：CISO 应该由谁来管理？

在大多数企业中，CISO 隶属于 CEO。如果企业将 CISO 划入 IT 部门，管理者又对此没有异议，那一旦出现安全问题，CISO 也许无法在第一时间立刻采取相应的行动。安全问题，如数据泄露等，对企业的声誉、形象、知名度和业务目标实现能力都会产生深刻影响。也正是因为如此，管理者逐渐意识到安全防御和设置 CISO 的重要性。

通常 CISO 要向 CEO 表明可能出现的安全风险，包括不定期发生的外部攻击、攻击的严重程度、风险应对方案的合理性、企业要承担的风险控制成本等。为了做好这项工作，CISO 要像解释安全技术知识一样，熟练地用业务语言让 CEO 等领导了解目前的困难和需求。

思维差距让 CISO 和管理者之间难以建立牢固的信任关系，而在当下社会，建立信任关系又是 CISO 不得不重视的事。为此，CISO 要和管理者同频，既要让管理者知道安全工作不能脱离业务，又要明确 CISO 应该由谁来管理。

数字化时代给 CISO 带来的第二个挑战是安全投资挑战。

向 CFO 等管理者申请数字安全投资支出是 CISO 的工作之一，CISO 要从成本与效益的角度，将此项支出对企业的影响进行量化，并将这个影响传递给管理者。但部分管理者认为此项支出只会徒增成本，不会产生回报。

CISO 要想改变管理者的旧观念，关键就在于要证明数字安全投资能为企业带来回报。CISO 可以借助自己的背景和技术能力，将数字安全计划与组织的业务方法融合，然后将回报量化，用真实的数据证明数字安全投资的必要性与合理性。

较于证明技术引进预算的合理性，证明数字安全投资的必要性与合理性可能更困难。但好消息是，管理者对数字安全投资进行定期评估的间隔时间往往更短。因为企业的安全情况是动态变化的，会被外部威胁、突发安全事件、新法律法规等因素所影响。

数字化时代给 CISO 带来的第三个挑战是安全法律法规挑战。

CISO 的职责之一是为各项工作提供有效的安全运营指导。要做好这项工作，CISO 必须跟上时代变化，熟悉监管要求，按照法律法规行事。但有的 CISO 可能已经很努力了，却依然无法理解各种复杂的法律法规，也难以跟上业务要求的变化。

很多法律法规都有非常明显的地域性。以欧盟的《通用数据保护条例》（General Data Protection Regulation，GDPR）为例，它在一定程度上加重了全球范围内安全行业的法律责任，要求欧盟乃至世界各国的企业必须加强数据管理，重视信息保护。

在法律法规的指导下，CISO 要保证数字安全计划是符合法律法规提出的要求的。这样可以降低安全风险，规避一些不必要的审计问题。CISO 还应该与合规团队、审计团队、法律团队、人力资源管理团队等保持沟通，管理安全风险，及时报告和处理负面结果。

如果 CISO 可以很好地应对上述三个挑战，识别和解决业务中的安全问题，帮助企业实现战略目标，那他们不仅不会被淘汰，还会持续升值。

无论什么时候、在什么情况下，优秀的 CISO 都是很宝贵的资源。与管理者同频、懂业务和数字安全投资、熟悉安全法律法规的 CISO 更是"抢手货"。而那些只做表面工作、只进行浅层思考的 CISO，则无法"挺"过瓶颈期，也难以抵抗变革"洪流"。

第 2 章

角色转变：从技术人员到企业守护者

> 在过去的十几年里，CISO 的角色发生了巨大转变——从安全部门的技术人员逐渐成为有影响力的组织领袖，甚至被纳入决策层。鉴于安全风险对企业的影响，这样的转变可谓是众望所归。赋予 CISO 更重要的角色，不仅可以鼓励员工将安全工作视为优先事项，还可以让利益相关者成为盟友，为企业提供切实的价值。这对于企业而言是非常有益的。

2.1 数字化时代，CISO 如何发展

随着越来越多大规模数据泄露事件的发生，网络与信息安全已经成为企业在数字化时代的命脉。过去不重视 CISO 的做法被证明是错误的，现在各行各业的企业都在积极寻找高素质安全人才，各国政府也不惜花费重金招募靠谱的 CISO。可以说，进入数字化时代，CISO 的处境已经不可同日而语，他们的发展越来越好。

2.1.1 CISO 存在于哪些行业中

美国曾经针对本国以及澳大利亚、法国、德国、英国、新加坡等国家的 CISO 做过一项调查，结果显示，CISO 分布在很多行业中，最常见是金融行业和互联网行业。而且大约 50% 的 CISO 在年收入 50 亿美元及以上的大型企业任职。

很多 CISO 具备丰富的金融服务和技术服务经验。某调查机构提供的数据显示，在英国，有金融服务和技术服务经验的 CISO 超过 85%；在欧洲一些国家，半数以上的 CISO 都有金融知识储备和比较强的技术能力。

然而，随着 CISO 越来越受重视，企业已经看到了他们所承担的角色的多样化。与之前相比，现在的 CISO 在更多行业中发光发热，其中不乏一些传统行业。

CISO 进入哪些行业？

除了金融行业和互联网行业，CISO 还进入其他行业，包括教育行业、制造行业、能源行业、医疗行业等。在数字化转型浪潮下，这些原本以传统模式生存的行业也开始变革，如购置智能设备、引进自动化系统、采用数字化工作方案等。对于极具现代感的新事物，这些行业大概率"玩不转"，导致攻击事件频繁发生，因此它们需要 CISO 的帮助。

以医疗行业为例，以往医疗行业可能不是黑客的重点攻击对象，但现在医疗机构存储着患者的海量健康数据与财务数据，再加上勒索软件越来越高级，使得医疗行业的安全格局被极大颠覆了，也让医疗行业面临的安全威胁进一步加剧。

另外，医疗机构的第三方系统，如核心 EMR（Electronic Medical Record，计算机化病历）系统，以及面向患者的 Web 门户、移动设备、联网 MRI（Magnetic Resonance Imaging，磁共振成像）系统、可穿戴设备、智能手术机器人等比传统系统更容易遭受安全威胁。

在医疗行业中，很多遭受攻击和安全威胁的医疗机构，都会对收入损失与赎金成本进行权衡。如果不支付赎金，即使攻击和威胁持续的时间很短，也会对患者造成伤害或导致系统停止运行。可见，这些医疗机构面临着支付赎金和保护患者及恢复系统的巨大压力，所以它们希望 CISO 可以参与安全工作，帮助自己尽快摆脱困境。

CISO 应该如何为行业提供支持？

（1）使用零信任架构，保证企业共享资源前，移动设备是安全的。

（2）对勒索软件、电子邮件入侵等安全威胁进行建模，进一步完善安全管理措施。

（3）主动监控安全威胁，及时收集情报，关注最危险、最容易被攻击的系统。

（4）围绕安全保护与控制措施制定安全指标。

(5)找到可远程访问的系统,实施多因素身份验证。

(6)跟踪计算活动和访问控制记录,以及时识别异常情况。

(7)隔离因为第三方软件或硬件要求而容易遭受攻击的系统。

(8)为关键数据的连续备份制定相应的方案。

(9)放弃传统托管系统,在本地构建系统。

对于任何行业的 CISO 来说,最佳安全措施都是在攻击和威胁发生前就做好充分的防御准备。当安全风险发生后,企业可能面临监管处罚和其他财务后果,如果声誉受损,还会降低董事会对 CISO 的信任。所以在数字化时代,每一位 CISO 都必须尽职尽责,事先制定完善的应急方案,及时与可能受影响的部门沟通,为企业乃至整个行业的安全提供保障。

2.1.2　CISO 平均年薪逼近百万美元

在大多数企业中,CISO 可能属于一个新的管理职位,但他们年薪并没有因为发展年限短而受到影响。而且他们从事的是一项非常有价值的工作,理应得到与付出相匹配的回报。

CISO 的年薪具体是多少?

国际猎头机构海德思哲曾经在 2022 年调查了 300 多位 CISO,并在此基础上发布了《2022 年全球 CISO 调查报告》。报告上的数据显示,在美国,CISO 的平均年收入已经逼近百万美元,而年薪中位数也达到了 58.4 万美元,高于 2021 年的 50.9 万美元和 2020 年的 47.3 万美元。另外,包括年度股权授予或长期激励在内的总薪酬中位数也从 2021 年的 93.6 万美元攀升到 97.1 万美元。

还有一个值得注意的现象是,新入职的 CISO 年薪涨幅最高。这可能是因为目前人才竞争异常激烈,既有商业头脑又有技术背景和丰富工作经验的 CISO 一将难求。所以很多企业在招聘 CISO 时不会吝啬,通常会为他们提供极具吸引力的年薪。

不过市场上也出现了一些不和谐的声音——部分企业固执己见,收紧钱袋,不愿意花费百万美元招聘 CISO。还有些企业的管理者本来要求 HR 招聘满足 10 个甚至 20 个条件的 CISO，但他在听到 CISO 的年薪高达百万美元时，又会和 HR 说，"你不用招聘能力很强的人，对方只要可以做简单的安全工作，保证咱们公司的系统和设备不被黑客攻击就可以了"。

在网络环境越来越糟糕的情况下，无论是收紧钱袋的做法，还是招聘前后"两面派"的做法，都不可取。企业不能为了控制成本就不招聘 CISO 或招聘能力差的 CISO，毕竟相较于百万美元的年薪，安全事件造成的经济损失可能更大。其实对于企业来说，真正的省钱是在招聘时精挑细选，让能力与高年薪相匹配的 CISO 加入企业。

什么样的 CISO 有资格获得高年薪？

想获得高年薪，CISO 必须平衡好领导和风险评估者的角色，为企业设计完善的安全架构。如果有必要，CISO 还要向董事会清楚地阐明这个架构。当然，CISO 也应该及时响应安全事件，并在响应过程中周旋于管理者、法律顾问、媒体等其他相关方之间。

在谈及年薪问题时，CISO 要让董事会知道自己了解哪些数据是重要、必须被保护的，而且熟悉最新安全风险检测与分析方法。如果 CISO 影响到企业的关键战略，身边又围绕着很多经验丰富的安全专家，就更容易获得董事会的好感。

CISO 和企业文化的契合程度也与年薪息息相关。受到文化影响，有些企业青睐从头开始构建安全架构，然后在此基础上稳步前行的 CISO；而有些企业则喜欢可以根据网络环境变化调整安全方案，并不断提升自身影响力的 CISO。正所谓"机会是留给有准备的人的"，提前了解企业招聘偏好，CISO 才更有可能获得自己心仪的年薪。

安全事件增多促使企业对 CISO 提出了更高的要求，他们的年薪自然也水涨船高。但与此同时，他们的流动性也越来越强。所以除了外部招聘，企业也可以在内部培养高素质安全人才。这就要求每一位 CISO 都要不断提升自身能力，切勿错过随时可能出现的加薪机会。

2.2 怎样转变，成为企业的守护者

一位 CISO 曾经详细地向董事会解释为什么企业特别容易受到勒索软件的攻击，并表示如果自己领导下的安全部门没有获得足够的资金，那数据可能就会被多次泄露，随之而来的是法律审查导致的股价暴跌，以及各位管理者被追责甚至被开除。

他的这番话让董事会受到了惊吓，没多久，董事会就找他谈话，向他表示感谢，还一致通过了他的安全预算申请。鉴于此，他意识到 CISO 的黄金时代就要来临了。为了不负众望，CISO 应该转变角色，成为企业的守护者。

2.2.1 被重新定义的 CISO

如今，各项先进技术在现代商业中得到广泛应用，安全问题和网络攻击也不断升级，CISO 的角色也要随之转变。但遗憾的是，很多企业并没有为 CISO 的角色转变提供必要的资源支持，CISO 所面临的任务落实难、经常超负荷工作、安全建议不被重视和认可等情况也没有好转。

CISO 为什么不受欢迎？

其实很多时候，CISO 必须承认自己从事的是一项"孤独"的工作。毕竟其他部门的员工都会先入为主地认为，一旦 CISO 去找他们，就意味着他们又有额外工作要处理，如提供更多与安全风险相关的数据和信息、尽快弥补软件漏洞以降低损失等。

所以很多员工可能会将 CISO 视为拖慢工作进度的"危险因素"，即使 CISO 已经很努力地成为业务的推动者，而不是阻碍者。同事的误解，再加上不确定的工作流程、瞬息万变的客户需求、频发的数据泄露事件等，都给 CISO 的工作带来了阻力。

工作有阻力不假，但 CISO 的地位进一步提升也是事实，只不过大多数企业

给出的理由是"既然信息安全很重要，那 CISO 也必须很重要"。这样的理由未免过于苍白，没有很强的说服力。到头来，CISO 还是唯一一个呼吁多关注安全工作的人，其他部门，无论是 IT 部门、工程部门，还是业务部门、市场部门等，依然无法和 CISO 达成共识。

列举两个比较有代表性的案例：Facebook 曾经因为安全措施实施不到位，导致停机响应时间延迟了数小时，而管理者却认为这种结果是可以接受的；Uber 的管理者在解决安全问题时，首先想到的是应该给侵入信息系统的不法分子多少钱才可以息事宁人，而没有及时承认漏洞的存在并想办法弥补漏洞。归根结底，导致出现这两个案例中的情况的罪魁祸首是 CISO 与其他部门之间的割裂和对立。所以现在也许已经到了重新定义 CISO 的时候了。

如何重新定义 CISO？

从现实来看，CISO 的重要程度应该体现在组织影响力上，而不仅仅是地位上。企业应该把 CISO 看作安全体系的组成部分之一，让他们参与安全决策，鼓励他们提供一整套安全解决方案。例如，让 CISO 参与软件开发过程，以保证代码的编写和测试都能顺利进行，从而帮助企业减少代码方面的漏洞；让 CISO 参与到产品生产过程中，保护网络基础设施，防止停工事件对生产进度产生影响。

其实当 CISO 具备了一定的影响力后，安全工作就会被融合到其他部门的日常运营中，甚至变得越来越常规化。CISO 赖以生存的安全技术可以帮助其他部门解决安全问题，随着时间的推移，CISO 在组织中的影响力会不断提升。

关于重新定义 CISO，哪些建议是可行的？

建议 1：CISO 应该学会借助正确的工具衡量安全风险，使程序/堆栈逐步成熟。同时，以数据驱动的方式更有效地运行安全方案，并将此方案用管理者和董事会都可以理解的文字表达出来。总之，CISO 要及时响应安全事件，为领导提供清晰的信息和数据。

建议 2：CISO 必须更懂法律合规，这虽然超出了 CISO 的日常职责，但也会为 CISO 带来额外回报，包括拓宽视野、感知监管趋势、加速个人成长等。在合规方面，CISO 应该研读《网络安全法》《关键信息基础设施安全保护条例》等法律文件，了解政府的安全监管范围和力度。另外，CISO 还要和监管机构沟通，对接各项检查工作，落实各种合规要求，积极承担安全内控职责。

建议3：安全工作应该贴合业务，支撑业务目标的达成。在企业进行数字化改造、信息上云等转型工作时，CISO 要和业务部门合作，确保转型工作的安全。为了处理好不确定性极强的转型工作，CISO 必须尽快适应这种不确定性，持续跟踪业务动态，在安全方面为业务赋能。

身处数字化时代，CISO 的角色不断转变，包括管理者、合作伙伴、监管机构在内的利益相关者都参与到安全工作中来。针对这些利益相关者，CISO 要承担"建立信任"的作用，即在企业遇到安全问题时充分考虑对方的利益。这意味着，CISO 的职业道路走到了一个十字路口，未来他们要为其他部门提供更多支持，做掌握多项技能、承担更多职责的领头人。

2.2.2 CISO 的提权路径

从随着数据泄露事件频繁发生，CISO 在企业中的重要性与日俱增。无论是花旗银行还是 Target，抑或是 Home Depot，没有任何一家企业愿意重温大量个人信息被盗的噩梦。在新时代背景下，CISO 逐渐成为保护企业安全的领军者。

这是否意味着 CISO 是安全人才的职场天花板呢？

当然不是。在安全领域，即使 CISO 的某项技能已经达到顶端水平，也不可以停止进步。而且在 CISO 之上还有 CIO，他们通常被认为是比 CISO 级别更高的管理者。不过现在已经出现了 CISO 兼任 CIO 部分职责的现象，这在安全领域已经不是一件新鲜事。就像当子公司获得巨大成功时，就很可能接管母公司，甚至变得比母公司更重要。

现在风险管理知识已经逐渐被应用到 IT 运营中，如果 CISO 具备这方面的知识，那么在职场中就更具竞争力力的能力。因此，CISO 要想自己的事业更上一层楼，就应该深入了解风险管理的概念，此概念对 CISO 提权中非常重要。

另外，如果 CISO 非常注重技术，那还有机会担任 CTO（Chief Technology Officer，首席技术官）的角色。对此，CISO 应该精准、敏锐地捕捉新兴技术背后的机会，为企业引进技术，进一步完善企业的技术体系与安全体系。纵观重视安全工作的企业，其 CISO 几乎都有发达的技术头脑，能将技术融入业务的各个方面，并秉持着技术为先原则开展安全工作。

什么样的 CISO 提权路径更清晰？

在考虑是否为 CISO 升职加薪时，企业更关注的往往是他是否具备特定的能力，如领导力、沟通能力、技术和业务之间的转换能力、时间管理能力等。

1. 领导力

领导力涉及掌控一切，知道在哪里可以找到资源，这是一项可以学习的能力。对于 CISO 来说，修炼领导力要比获得很多认证重要得多。领导力有很多种，CISO 首先要了解自己的优势是什么，然后在这些优势的基础上找到适合自己的领导力。

例如，有些 CISO 在管理过程中喜欢问"我要做什么才能让你的工作更有效率？""你有什么困难吗？是否需要我为你提供帮助？"。这样的 CISO 通常被称为"仆人式领导"，他们其实是将主动权交给了员工，而自己则只保证安全方案一直向前推进、合作伙伴关系足够牢固。不过，成为合格的"仆人式领导"是要经过长时间磨炼的，而且必须一直坚持。

2. 沟通能力

十几年前，CISO 通常只负责安全工作，但现在远不止于此——CISO 必须具备一定的沟通能力。当 CISO 遇到安全事件或勒索软件攻击时，要和很多部门沟通才可以顺利应对。如今，连接无处不在，部门之间应该相互联系。因此，沟通能力对于 CISO 升职加薪来说至关重要，它可以帮助 CISO 制定 360°安全方案，而不仅仅是单一的传统安全策略。

3. 技术和业务之间的转换能力

沟通和"翻译"是二元一体的，对于 CISO 来说，沟通能力虽然很重要，但还远远不够。在和其他部门沟通时，CISO 必须是一名优秀的"翻译员"，即把一些晦涩难懂的技术性问题转变为简明易懂的业务语言。把这件事做好，CISO 能够游刃有余地"穿梭"在不同部门之间，适应不同部门的工作节奏。反之，CISO 很可能会陷入困境，安全工作也难以顺利推进。

4. 时间管理能力

在这个世界上，大多数人掌握的最重要的资源就是时间。CISO 必须管理好自己的时间，争取在有限的时间内完成更多工作。如果某项工作 CISO 要花费 3 小时才能完成，而同事只要 1 个小时就可以完成，那他不妨将这项工作委派给同事。

时间是非常宝贵的资源，任何人都不应该浪费它。如果你想成为一位优秀的 CISO，那你应该在安全领域专注于一件事，不断提升工作效率和价值创造能力。成功的 CISO 往往帮助其他人加倍工作，你应该做这样的 CISO，不要把时间都浪费在细枝末节上。

洗心革面的黑客可以进入提权名单吗？

很多管理者在接受采访时可能都遇到过这样的问题："你会让一个已经洗心革面的黑客做企业的 CISO，甚至为对方提权吗？"有些管理者会毫不犹豫地回答："当然。"其实大多数黑客对信息和网络安全有自己独特的看法，如果他们可以参与企业的安全工作，也许会产生意想不到的效果。但企业要在他们入职前对他们进行背景审查，保证他们值得信赖，同时还要保证他们正在做的工作是可见、可追踪的。

在安全领域，遭受攻击的受害者将成为安全工作的忠实拥护者，而"来无影去无踪"的黑客则是企业的最佳"威胁猎手"。这些黑客有丰富的攻击经验，可以预测攻击事件何时发生，而且他们拥有黑客思维和视角。现在任何一家企业其实都应该有这样的"人才"。当然，至于他们能不能真正地为企业提供安全支持，则要看管理者如何引导和管理他们。

2.2.3 CISO 如何摆脱成本中心陷阱

如今，网络攻击的数量不断增加，复杂程度不断提升，企业的安全支出也要随之调整。普华永道发布的《2023 全球数字信任洞察报告》中的数据显示，超过 70%的高管有增加网络安全预算的想法。这很可能导致 CISO 与管理者产生分歧。例如，有些管理者对企业能从安全投资中获得的实际回报率没有信心，甚至会倍感沮丧和困惑，因为他们认为 CISO 和整个信息安全团队很难将安全工作转变为"看得见摸得着"的实际价值——收入。

但现在精明的 CISO 已经找到方法改变"安全工作是成本中心"的观念，促使企业中的其他人将安全工作视为价值中心，从而帮助自己尽快摆脱成本中心陷阱。

CISO 使用的方法是什么？

方法 1：优化表达方式

为了更顺利地推进工作，CISO 应该了解管理者对 CISO 和安全工作的看法，分析他们有没有将 CISO 视为能够制定安全策略和完善安全体系的合伙人，以及安全工作是否依然被他们当作事后考虑事项。在表达方式上，之前 CISO 的惯用语可能是"这就是在当前安全形势下，我为保护企业的网络与信息安全所做的一切工作"。换言之，CISO 会向管理者展示自己的工作，但不会表明即将发生的事或企业可能遭受的威胁。然而，管理者希望 CISO 用简单、易懂的话表达诉求和描述企业的安全现状，以帮助他们更好地预测安全趋势。

方法 2：培养业务盟友

CISO 应该持续关注利益相关者参与安全工作的情况和深入程度，因为没有他们的帮助，安全方案可能无法成功落地。因此，CISO 要做一名合格的"中介"，将他们连接在一起，尽量多采纳他们的观点和建议，鼓励他们大力支持安全方案的实施和执行。

CISO 可以召集业务部门、法律部门、技术部门、产品部门、采购部门、财务部门的负责人，让他们组成一个跨职能的网络与信息安全委员会。该委员会的主要任务是帮助管理者定下正确的发展基调、审核安全方案，并保证安全工作可以得到充足的资金和资源支持。

方法 3：强调正面信息

近年来，频繁发生的网络攻击事件让安全工作成为董事会的头等大事。咨询机构 JWC Partners 的一项调查显示，在董事会最关心的问题中，安全问题位于第三名，仅次于战略问题和领导层继任问题。但与此同时，对于安全问题，有些董事会成员不是很了解。根据普华永道的调查数据，大约 30% 的董事会成员表示自己"非常了解"企业的安全漏洞；50% 左右的董事会成员表示自己只是"稍微了解"这些漏洞；15% 的董事会成员表示自己"不太了解"这些漏洞；还有 1% 的董事会成员承认自己"根本不了解"这些漏洞。

之前企业对安全工作置若罔闻，安全预算严重不足，CISO 被视为系统管理员。现在董事会对安全工作的关注度越来越高，这无疑为 CISO 提供了更多发展机会。为了增强董事会对安全问题的了解，CISO 不能只让董事会知道可能出错的地方，而应该多分享一些可能对业务和利益相关者产生良好影响的正面信息。例如，CISO 可以向董事会表明，安全工作到位可以保证企业安全运营，为客户和利益相关者创造更大的价值，这甚至能成为企业与同行竞争的关键差异化因素。总之，CISO 最好让董事会清楚地知道安全工作究竟能为企业带来哪些好处。

方法 4：量化安全工作的价值

展示安全工作为企业带来的价值，同样可以帮助 CISO 摆脱成本中心陷阱。但我们必须承认，将安全工作的价值量化对于 CISO 来说是极具挑战性的，不过即使再难，CISO 也应该尽自己最大的努力。而且从 CISO 那里知道安全工作的价值，是很多管理者喜闻乐见的事。

此外，CISO 还可以和财务部门的同事合作，向他们学习量化价值的方法和技巧。曾经有一位 CISO，就是依靠自己的精算师同事对安全职能贡献值进行了量化。他在一家保险机构工作，该机构试图放弃购买服务器安全防御软件。见此情形，他从财务的角度详细计算了购买软件的成本，以及如果不购买软件，该机构在遇到网络攻击时将遭受的经济损失。与经济损失相比，购买软件的成本可谓是九牛一毛，所以管理者又开始重新考虑引进软件。

方法 5：让安全成为差异性因素

掌握了上述几个方法的 CISO 可以将安全定位为企业的竞争优势，这既有利于提升企业解决安全问题的敏捷性，也能让企业具备迅速响应能力。如今的 CISO 应该发挥战略作用，为企业走向成功奠定基础，保证企业不被黑客攻击，承担起抵御"外敌"的重任。

进入数字化时代，CISO 要向管理者和董事会证明安全工作是机会中心，而非成本中心；要积极引导其他人对 CISO 树立正确看法；要与部门负责人建立紧密联系；要精准地传达安全工作的作用和意义；要评估和阐明风险，通过对比量化安全工作的价值；要将安全工作视为企业运营的基础。如果 CISO 可以做到这些，企业的安全就会有保障。

2.2.4　CISO 应不应该与 CEO 同属决策层

在很多企业中，有些人虽然顶着"首席"称谓和"管理者"头衔，但未必就真的会被安排在决策层的位置上。决策层的位置往往是给少数几名高级别领导准备的，如 CEO、COO、CFO 等。而 CISO 虽然也是"首席"，但尚未成为被董事会认可和接受的决策层成员。

没有进入决策层的 CISO 通常向谁报告？

波耐蒙研究所曾经对上千名安全人员进行问卷调查，结果发现 CISO 直接向 CEO 报告的企业仅占大约 7%，而剩下 93%左右的受访者则表示，CISO 要向其他管理者报告，如 CIO、IT 经理、CTO、副总裁等。另外，调查结果显示，与 CEO 相比，CISO 的级别通常要低三级。这意味着，CISO 难以接近 CEO，也无法向高级别领导阐明安全风险。

以往包括 CEO 在内的高级别领导虽然控制着企业的安全工作或对此有极强的影响力，但绝大多数 CISO 并没有和他们建立直接联系。好在时代不断进步，CISO 的地位已经悄然发生变化。其中最可喜的变化是，有些 CISO 已经开始收到决策层的"邀请函"了。

目前来自外部或内部的安全威胁成为企业面临的主要风险，对于企业来说加强安全管理是当务之急。为此，很多企业决定提升 CISO 的地位，让他们成为真正意义上的决策者。

管理者是如何看待 CISO 的？

咨询机构 Cybersecurity Ventures 曾经对"管理者是如何看待 CISO 的"这一问题进行了深入研究。关于此问题，大家的观点各异，出现了很多争论。

观点 1：CISO 应该向给予他们权利，对安全预算有影响力的角色报告，这样他们才能更有效地参与到业务中。现在很多 CISO 都向 CIO 报告，但二者之间往往存在利益冲突，容易对 CISO 的执行力产生影响。但如果 CISO 进入决策层直接向 CEO 报告，或者自己控制"钱袋"，那安全工作就会更顺利地开展。因此，CISO 应该得到 CEO 等高级别领导的支持。

观点 2：在其他部门不太插手安全工作的情况下，目前大多数 CIO 都不愿意授权给 CISO。久而久之，很多没有得到应有的权力或依然向 CIO 报告的 CISO，就会开始寻找新的、更好的工作机会。因为这些 CISO 不愿意为自己无权管理的安全事件"背锅"。

观点 3：首席风险官（Chief Risk Officer，CRO）是一个正逐渐流行起来的职位，有些企业已经要求 CISO 向 CRO 报告。不过，无论 CISO 向谁报告，都要保证自己的想法和建议在向上传递给董事会的过程中不被篡改或误解。而因为 CRO 通常不直接向 CEO 报告，可能会让 CISO 距离董事会更远，所以这些企业的做法是否合理还有待商榷和观察。

观点 4：CISO 向 CEO 报告，意味着他们将和 CIO 成为合作伙伴，也表示二者都有应该被 CEO 关注的可交付物。

观点 5：有些管理者坚定地认为，CISO 应该向 CEO 报告，在董事会会议上多露脸、多发言、多担责。这些管理者会建议董事会将安全体系视为一项重要基础设施，鼓励董事会把保护企业不受网络攻击当成首要任务，并会积极地邀请 CISO 进入董事会。

观点6：CISO应该向谁报告，以及是否应该进入决策层，似乎没有一个放之四海而皆准的答案。不同企业的情况有很大差异，包括规模差异、资源差异、盈利水平差异等。在明确CISO的地位时，做对企业最有利的决策，达到一个企业可以接受的风险水平就可以。例如，近几年，医疗保健机构非常频繁地遭受勒索软件攻击，在这种形势下，CISO直接向CEO报告，成为此类企业的首要选择。

观点7：以首席合规官（Chief Compliance Officer，CCO）为代表的合规主管向董事会报告，而CISO则向合规主管报告。CISO要保证合规主管将未经过滤的安全风险告知董事会，因为只有这样，董事会才可能批准足额足量的安全预算。

上述观点看似有很大不同，但究其本质，还是具备一定的共通性——CISO的地位应该提升。在一些规模比较大的企业中，CISO也的确在扮演着越来越重要的角色。

2.3　CISO新职责：赢得信任

如今，数字化转型不再是创新之举，而是每家企业都必须的基本操作。随着数字化转型的不断深化，CISO被赋予了新职责——赢得信任，董事会也越来越青睐值得信任的CISO，并向他们委以重任。所以对于身处数字化时代的CISO来说，建立信任势在必行。

2.3.1　从Kirsten Davies的经历感受信任的价值

对于CISO来说，信任正逐渐成为一个差异化因素。如果你想成为一名优秀且成功的CISO，希望自己能在工作中扮演更有战略意义的角色，那就必须将所有利益相关者聚集在一起，与他们建立信任，并在决策时考虑到他们的利益。

在信任方面，克里斯汀·戴维斯（Kirsten Davies）做得非常不错。他是一家集团的CISO，主要负责保护企业的网络与信息安全，帮助员工了解各种安全工具和安全政策。有一天，领导给他安排了一项非常艰巨的任务——让各国的工人委员会使用新版安全防御系统。

然而，工人委员会担心新版安全防御系统将成为集团监控自己，甚至侵犯自己隐私的工具。尽管当时欧盟准备颁布隐私规则，即《通用数据保护条例》，工人委员会依然担心。

为了建立信任，戴维斯做了哪些努力？

他走遍整个欧洲，多次与工人委员会面谈，阐述集团目前面临的风险，以及引进新版安全防御系统的重要性。他首先在德国取得了重大突破，虽然他作为美国人，母语为英语，但他积极学习德语，并用流利的德语与德国的工人委员会建立了紧密联系，说服对方签署了新版安全防御系统使用同意书。后来，其他国家的工人委员会也相继签署了同意书。

对于自己的成功，戴维斯解释说，他的目标是让工人委员会了解新版安全防御系统是如何保护员工和企业的，以及为什么要签署同意书。正所谓"皇天不负苦心人"，他的努力没有付之东流，最终他不仅取得了胜利，还成为其他 CISO 学习的榜样。

在与工人委员会周旋和沟通的过程中，戴维斯积累了丰富的经验，对 CISO 的职责有了更深刻的理解。他从中学会了如何与他人建立关系，以及如何让他人知道，在安全和隐私方面，组织及领导提出的方案是可以信任的。

身处数字化时代，信任已经开始进化，以戴维斯为代表的一众 CISO 也经历了角色的演变。他们之前担任专注于战略执行的管理职位，而现在则逐渐担任参与战略决策的决策职位。职位的提升让他们不得不负责一些更核心的工作，例如，他们要整合包括业务伙伴、员工、管理者、董事会等在内的所有利益相关者，并取得利益相关者的信任，让对方知道，在安全问题上，其利益也被纳入考虑范围。

鉴于信任的价值和作用，CEO 等高级别领导也越来越觉得，与利益相关者建立和保持信任对企业在数字化时代取得成功非常重要。根据普华永道的调查与研究，超过 85% 的 CEO 都表示自己正试图加大安全方面的投入，以赢得更多客户的信任。

任何企业都不能低估数字化时代对信任的需求，也不能低估信任的价值。未来，谁可以通过合乎道德的方式做好安全工作，保护企业不被侵害，谁就可以具备真正的竞争优势。

2.3.2 在企业内部培养信任

如果 CISO 对信任的重要性一无所知，那培养信任对 CISO 来说可能是一项严峻的挑战。某咨询机构曾经对来自 40 多个国家的上千名企业家进行调查，结果发现大约 50% 的受访者都担心自己的企业在 5 年内无法被证明是值得信任的。不少专家也曾公开表示，任何想在职场中有所成绩的 CISO，都要将培养信任当成一项必须认真完成的工作。

为什么 CISO 要培养信任？

因为信任可以让 CISO 更好地执行安全保护政策、程序、技术，进而保护经常与企业互动的所有利益相关者的安全。更重要的是，有了信任，CISO 的动机不会被质疑，CISO 提出的那些关于安全保护的方案或想法才能被董事会认可。

另外，之前安全部门被视为"经常说不"的部门，培养信任有利于消除这种误解。为此，CISO 要拿出可以让企业顺利完成预期任务，而又不必处在无法容忍的风险中的安全解决方案，同时还要完善关键基础设施，与董事会一起处理问题，为董事会提供帮助。

培养信任的重要性不言而喻，但在数字化转型如火如荼的时代，这项工作往往面临着一定的障碍，其中最主要的障碍就是数据和隐私安全问题。

在数据和隐私安全问题上，CISO 应该如何发挥作用？

CISO 应该意识到自己有机会在企业内部建立信任，这是近几年董事会非常看重的能力。为了向董事会证明自己，CISO 要和管理者建立良好关系，将安全职能放在战略讨论会上讨论，并让董事会参与他们希望了解的业务条款设计中来。CISO 还要考虑如何在员工手册、内部刊物甚至公开声明中阐明自己为了保护数据和隐私安全而做出的努力，从而获得更多人的信任。

当信任成为一个被广泛讨论的话题时，董事会将倾向于和可以处理好数据和隐私安全问题的 CISO "做生意"，而无法做好这项工作的 CISO 的职业发展则会受到影响。另外，董事会也更加关注 CISO 如何应用消费者留下的数据及如何保护消费者的隐私。

CISO 应该将数据和隐私相关信息共享给董事会，让他们知道数据的去向，向他们证明自己有保护隐私的能力，避免他们对自己产生误解。如果 CISO 有更高的追求，还可以进一步培养信任，向他们阐明自己不仅采取了有力措施保护组织内部的数据和隐私，还非常尽职尽责地引导业务伙伴和合作伙伴也做同样的事。

综上所述，对于 CISO 来说，建立信任是一项值得花费大量时间去做的工作。如果有一天，CISO 有能力向整个企业及所有利益相关者证明自己可以在安全、可靠性、隐私和数据安全等方面发挥领导作用，那 CISO 的事业将更上一层楼，成为安全领域的"未来之星"。

2.3.3 如何建立"北极星"般的信任关系

为了拉拢人心，有些缺乏经验的 CISO 会把大部分精力花费在看似重要，但其实意义不大的事情上，如熟悉同事、组织安全会议、随时随地"刷"存在感等。而经验丰富的 CISO 可能会抽出时间倾听同事的心声，向同事表决心；制定适合自己的目标，更好地推进安全工作；积累更多资源；与董事会深入对话。

在现实中，很多 CISO 不得不通过解决"让各部门痛苦不堪的技术问题"来展示自己的能力。例如，IT 部门一遇到就会手忙脚乱的身份验证或远程访问漏洞问题。还有就是一旦真的出现问题，领导只会指责"为什么问题到现在还没有解决？"，而不会说"讲一下问题应该如何解决？"，更不会说"解决问题需要我提供什么帮助？"。

CISO 应该拿出能产生价值的成绩，然后乘势而上。一个不争的事实是，在建立信任的过程中，CISO 面临十分严峻的挑战。

CISO 面临哪些挑战？

有些同事依然把安全工作看作影响业务效率和收益增长的障碍；董事会没有把安全问题纳入早期战略讨论的一部分，而是等到后期阶段，安全工作越来越难推进时，才将其纳入发展计划中。与此同时，不少 CISO 可能还没有准备好承担建立信任的艰巨任务。他们不认为自己是业务推动者，更不会把自己当成企业的关键顾问和战略合作伙伴。在大多数情况下，他们仅仅被定位为"安全保护者"的角色，主要从事技术监督、外部攻击拦截等工作。

有调查表明，很多企业并没有完全理解 CISO 这一职位，也没有为这一职位做合理的安排。云接入安全代理公司 Bitglass 发布的一份研究报告显示，大约 75% 的企业没有说明谁应该对安全战略和安全问题负责；还有部分企业只在官网上注明了法律要求注明的隐私通知，而没有发布任何关于如何保护数据和隐私安全的声明。

即使建立信任的路不那么好走，也还是有很多 CISO 将其视作核心竞争力。如果 CISO 想成功，那就要将建立信任作为安全工作的"缩影"。例如，曾经有一位 CISO 为了让安全战略更好地与企业愿景保持一致，决定带着下属调整和优化安全战略。原有安全战略涵盖他与下属要完成的三个业务目标——提升业务合规性、保护数据和隐私安全、进一步提升业务效率，这三个目标符合"三位一体"原则。而新安全战略则强调，他与下属要让所有利益相关者坚定地相信自己正处在一个安全的世界中。

要打造安全的世界，CISO 应该做什么？

安全的世界离不开"北极星"般的信任关系，而 CISO 做的安全工作就是为了建立这种信任关系。如今，企业频繁遭受安全攻击，面临着数据和隐私泄露的困扰。它们更渴望建立这种信任关系，同时董事会也急迫地想确认数据和隐私在运营良好的情况下是安全的。

因此，CISO 必须让董事会了解企业可能遇到的安全风险，以及自己为抵御风险做了什么。当然，董事会对 CISO 所做事情的感受也非常重要。如果董事会毫无条件地信任 CISO，认为把安全工作交给 CISO 负责是可靠且可行的，那就说明 CISO 在数据与隐私安全方面已经做得非常好了。

CISO 的工作很烦杂，承受的压力也比较大。如果有人可以在建立信任关系的过程中为 CISO 提供支持和建议，那会对 CISO 的职业发展产生正面影响。例如，CISO 可以与同行组成工作互助联盟，定期举行会议或经验分享活动。这样他们就可以共享信息，交换知识，实现合作共赢。其实 CISO 之间不存在竞争，大家可以一起讨论热门话题和经典安全事件，商议安全预算方案和安全战略。这比一个人闭门造车效率高得多。

第3章

CISO 新角色：转变后的 CISO 是什么模样

> 近年来，随着技术和安全实践不断突破极限，安全形势变得越来越复杂，CISO 的角色也经历了重大转变，以更好地满足企业对安全的需求。现在的 CISO 比以往任何时候都更重要和有价值，本来就已经非常繁忙的他们肩负着更多责任，需要不断修炼自我。

3.1 能力图谱

如果你的职业目标是成为一名高薪酬、高价值的 CISO，那你可能要了解领导最看重哪些能力？通过总结猎头公司和人力资源专业人员的经验，CISO 可以绘制一个能力图谱，内容包括 30%显性能力（知识储备）、50%隐性能力（通用素质）、20%隐性特质（自驱使命）。

3.1.1 30%显性能力：CISO 的知识储备

现在大多数企业都希望自己雇佣的 CISO 可以"开箱即用"，也就是一上岗就能迅速提升整个组织的安全能力。从人才市场的招聘情况来看，聪明的雇主们都抢夺知识储备丰富、有经验的候选人，因为他们有更强的显性能力，可以为企业带来更大的价值。

CISO 的显性能力体现在何处？

（1）CISO 要有丰富的安全风险管理经验，同时具备安全技术与战略方面的知识。当然，如果 CISO 对 Linux（一种免费使用和自由传播的类似 UNIX 的操作系统）、虚拟化网络等新兴概念有自己的认知和理解，就会更有竞争力。

（2）CISO 要掌握与安全相关的技术，如 DNS（域名系统）、路由、身份验证、VPN（虚拟专用网络）、DDoS（分布式拒绝服务攻击）缓解技术、编码实践、黑客和威胁建模、防火墙、入侵检测与预防协议等。

（3）CISO 要熟悉重要的法律法规和安全标准，如《支付卡行业数据安全标准》（PCI DSS）、《金融服务现代化法案》（GLBA）、《萨班斯—奥克斯利法案》（SOX）等。

（4）CISO 要深入了解安全运营对企业的业务和利润有什么影响，同时还要明确企业的业务情况和业务战略，精准判断企业可能面临哪些风险，然后据此设计安全方案。

（5）深入了解应用程序和安全产品是 CISO 的一项重要能力。CISO 要具备与产品开发人员和工程团队在技术方面进行协作的能力，以保证应用程序和产品的合规性。

（6）很多企业在招聘 CISO 时会考虑对方的安全认证情况。通常有技术或工程背景的 CISO 会获得特定的安全认证，如信息系统安全专业认证（CISSP）、国际信息系统审计师认证（CISA）、注册信息安全员认证（CISM）等。

（7）学历也是 CISO 必须重视的一个关键点。现在大多数企业更愿意雇佣计算机专业的 CISO，而且最好是软件开发人员或工程师出身。有些企业还希望 CISO 有工商管理硕士学位（MBA），虽然这样的要求会让 CISO 感到惊讶，但这已经成为一个不容忽视的趋势。

（8）除了具备扎实的专业能力，CISO 还要与人打交道，包括向董事会等领导汇报工作，为安全团队争取更多预算与资源；向下属传达任务，统筹指挥安全工作；应对威胁背后的黑客等。这意味着，CISO 不仅专业能力要过硬，还要积极参与企业运营中。因此，CISO 要利用自己专业能力之外的能力与他人沟通和协作，探究企业内更值得关注的方面。

随着安全形势不断变化和发展，总有新领域、新知识、新能力等待着 CISO

深入探索与研究。如今的安全工作涉及企业的诸多部门,这会促使他们积极参与企业的各方面工作,并在参与过程中不断学习和成长。

3.1.2　50%隐性能力:CISO 的通用素质

上文介绍了 CISO 的显性能力,本小节则介绍更高级、更不容易习得的隐性能力,即通用素质。随着 CISO 的角色和职责发生变化,他们逐渐被推到董事会及整个组织的"聚光灯"下。与此同时,他们的隐性能力也不再"隐性",开始受到广泛关注。

CISO 要修炼哪些隐性能力?

(1)很多时候,CISO 要与不同部门协作,这就要求他们应该具备一定的社交与互动能力,也意味着他们必须有在压力下始终保持冷静、在专业权威面临挑战和质疑时有信心,以及将安全事件相关情况用商业语言表达出来的能力。

(2)董事会希望 CISO 精通业务,能够制定技术解决方案,进行风险预测。同时 CISO 还要具备业务头脑、技术见解、管理能力等多种特质。这样的 CISO 可以更好地指导企业的数字化转型,成为职能部门的安全顾问,为部门负责人提供安全咨询服务。

(3)CISO 要借助合适的工具来控制安全仪表板,并向董事会汇报关键绩效指标(KPI)。在安全领域,CISO 的明智做法是明确 KPI,将其与相应的关键风险指标(KRI)一一对应,同时定期衡量和调整 KPI 与 KRI。

(4)保护企业的安全、了解企业的战略目标、与管理团队沟通、制定安全规则、监督安全工作、定期与业务部门沟通、对接外部商业团体、分析企业的风险偏好、预测和管理风险、处理安全违规事件等都是 CISO 的重要职责。

(5)CISO 必须主动推进企业的安全工作,监督和监测企业对相关政策的遵守情况,以及企业当前面临的和未来可能会遇到的威胁与攻击,并制定相应的安全解决方案。

(6)建立一支优秀、多元化的安全团队是很多 CISO 的理想。要实现这个理想，CISO 应该雇佣热爱安全工作的人才。他们可能有各种各样的想法和创意，会通过不同的代码模式和自动化方法来解决安全问题，并在 CISO 的领导和支持下达成预期目标。

（7）数字化时代的 CISO 要具备一个非常关键的特质——同理心，即对内部组织、外部合作伙伴的换位思考能力。在企业中，不是每位员工都像 CISO 一样熟悉安全知识，所以 CISO 要用通俗易懂的语言与他们交流和互动，让他们知道企业的安全现状。

（8）几乎所有 CISO 都要和客户交流。了解客户真正想要什么，让客户满意，是 CISO 的核心任务。在合作过程中，客户希望知道 CISO 是如何协调和解决问题的。虽然 CISO 和客户之间没有博弈不太现实，但"想他人之所想"的确是有价值的。

（9）对于 CISO 来说，预测安全事件将以何种方式在何处发生，以及现有安全技术会如何被黑客滥用非常重要。另外，CISO 还要就企业面临的风险和可能遭受的损失与利益相关者沟通。为了避免沟通障碍，CISO 要学习一些沟通技巧。

（10）能力强的 CISO 会选择可以引起共鸣的方式与非安全专业人员讨论安全工作，而不是在他们面前树立权威的形象。在人才市场上，能和非安全专业人员相处融洽的 CISO 屈指可数，此类 CISO 供不应求。

（11）有经验的 CISO 能清楚地识别企业面临的威胁和攻击，而且知道如何通过对流程、技术等进行优化来抵御威胁和攻击，实现最高等级的安全保护。在此过程中，CISO 要充分利用专业知识，发挥敏锐洞察力，为企业的运营和发展带来更积极的影响。

未来，CISO 要更深入地了解企业的数字化转型情况，并为推动数字化转型制定科学、合理的安全规划和措施。同时，CISO 还要更频繁地与董事会、管理者、部门负责人、员工等进行沟通，提升整个组织对安全工作的重视和认可程度。

3.1.3　20%隐性特质：CISO 的自驱使命

如今，数字化转型迅猛发展，很多企业大规模地调整经济架构，重视 CISO

在数字化转型中的作用。还有些企业认为,网络与信息安全不容忽视,否则会让数字化转型有风险和障碍。因此,CISO 为了获得组织信任,除了要保护企业的安全,还要明确数字化转型的优先事项,并想方设法地推动优先事项顺利实现。但做到这些并非易事,CISO 必须修炼隐性特质,树立自驱使命。

CISO 的自驱使命有哪些?

图 3-1 罗列了 CISO 的自驱使命,如果你想成为高效能 CISO,就必须牢记这些使命。

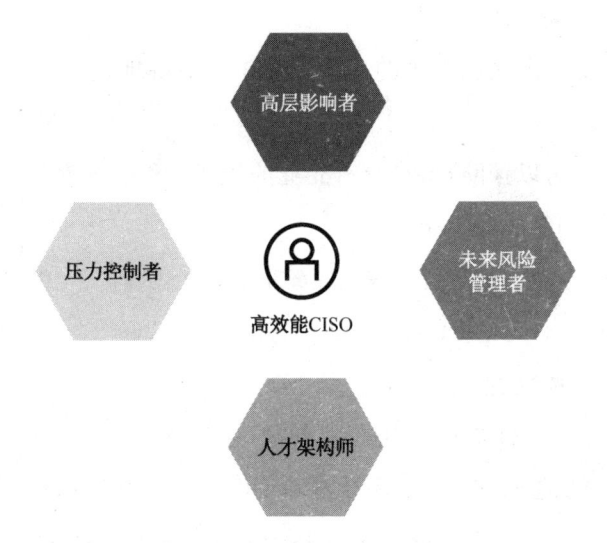

图 3-1 CISO 的四大自驱使命

使命一:高层影响者

(1) CISO 要定期与 IT 负责人以外的部门负责人进行深入沟通和交流。

(2) 非 IT 管理者对安全效能也是有影响的,CISO 要知道这些影响究竟是什么。

(3) 与董事会建立有意义的联系能让 CISO 成为高层影响者。

(4) CISO 的风险偏好要和非 IT 管理者保持一致,并权衡安全风险,参与企业级决策。

使命二：未来风险管理者

（1）加强安全风险管理、推动企业对新兴技术的引进和应用有利于提升 CISO 的地位。

（2）CISO 要引导决策者了解市场上最新出现的安全规范和标准。

（3）决策者希望了解企业未来的风险，CISO 应该为他们提供相应的支持和帮助。

（4）CISO 要制定自动化安全战略，为企业抵御威胁和攻击做好准备。

使命三：人才架构师

（1）CISO 要制定面向未来的人才战略，以更好地满足企业不断增长的安全需求。

（2）以下方法可以帮助 CISO 提升企业的生产力和工作效率。

① 提升安全团队的业务能力。

② 让非安全专业人员负责一些比较简单的安全工作。

③ 制定可行、合理的 CISO 接班人计划。

使命四：压力控制者

（1）企业会给 CISO 福利，CISO 不妨把这些福利看作绩效提升的推动力。

（2）CISO 要加强时间管理，不要混淆工作时间和个人时间。

（3）当工作繁忙、压力比较大时，CISO 可以主动管理日程，为工作做优先级排序。

（4）在工作刚开始时，CISO 就要明确并牢记自己的职责。

（5）为了缓解压力，CISO 要考虑自己正在参与的项目是否在职责范围内。

从本质上来讲，上述四大使命代表着 CISO 应该遵守的行为和思维模式。这些行为和思维模式可以帮助 CISO 适应角色和职责的变化，提升 CISO 在董事会中的地位。但要注意的是，这些行为和思维模式不太可能同时实现，CISO 每次只专注于其中比较重要的部分即可。

3.2 经验&成果

如今，CISO 的角色更具战略性。在战略性的驱使下，CISO 不能太"佛系"，需要具备一定的战略思考能力。通过借鉴前辈的经验，CISO 可以更好地完善安全实践，保证数字化转型顺利开展和推进，使企业在安全方面获得更多更有价值的成果。

3.2.1 CISO 不能太"佛系"

"佛系"的本义是专注于某个事件发生的过程，而不太关心结果如何。它往往代表着"尽人事，听天命"的心态，这种心态在生活中可能比较适用，但在工作中则不应该被推崇。尤其在处理严谨、复杂的安全工作时，CISO 不能持有这种心态。

CISO 为什么不能太"佛系"？

想成为合格的 CISO，一定不能太"佛系"，这是很多前辈总结出来的经验。CISO 要把被动工作变成主动工作，了解安全技术有什么样的进展，勇敢、自信地应对困难，不断成长。有些上进的 CISO，即使离开了安全行业，也能依靠自己的努力成为 CEO。

大多数人都是不进则退，CISO 也是如此，他们应该给自己制定更有挑战性的目标，逼迫自己往更高的地方走。例如，某 CISO 一直与业务部门保持联系，十分了解企业的业务情况，如果哪一天董事会让他负责业务安全，那他一定可以承担起这个重任。反之，如果他过于"佛系"，什么业务都不懂，那董事会给他机会，他也很难抓住。

CISO 要相信自己在企业中不仅是一个"守门员"，更是可以发挥重要作用的全能型人才。CISO 应该把自己视为安全工作的最后一堵坚不可摧的"墙"，并时刻想着自己可以为职能部门做什么贡献，而不能总是担心领导会招聘一个更有能力的人来取代自己。如果 CISO 厚积薄发，展现出足够强的能力，即便领导有了更合适的人，大概率会把原来的 CISO 安排到一个更高级别的职位上。这何乐而不为呢？

CISO 如何摆脱"佛系"心态？

在企业中，CISO 要抓住一切机会提升自己的存在感。举一个比较有代表性的例子，CISO 小张在 2018 年 5 月 25 日欧盟《通用数据保护条例》正式实施的那一天为企业做了很多事。他领导安全团队对企业的产品进行审核，中止了企业在欧洲和美国的所有业务。等处理好数据存储等问题后，他才重新上线这些业务。他还向职能部门和决策层汇报自己做的事，借此刷足了存在感，展现了自己和安全团队的能力。

《通用数据保护条例》刚实施时，很多 CISO 并没有像案例中的小张那样意识到它的作用，这样是不对的。对于一些重要的行业大事、国际新闻、法律法规、安全标准等，CISO 要及时了解并将其充分利用起来。另外，CISO 还要将新政策、新要求、新形势传递给职能部门和决策层，让对方了解具体情况，同时阐明这些信息对合规的重要性。

此外，当企业的竞争对手发生安全事件时，如系统被黑客攻击、大量客户数据被窃取等，CISO 要在第一时间向领导汇报，这是一个非常好的提升存在感的机会。汇报的内容可以是：安全事件给竞争对手造成了多少损失；如果企业也遇到这种情况应该怎么处理；什么样的防御措施可以减少损失；解决同类安全事件要花费多少成本等。

有些极具创造力的 CISO 为了刷存在感，会在员工日常必经的办公室、走廊、茶水间、电梯等地张贴与安全工作相关的宣传画。他们会将宣传画做成漫画形式，创造一个主人公，并为主人公取一个容易记忆的名字，如张懵懵、董安全等。通过这些宣传画，董事会、管理者、员工就会知道安全团队做了哪些事，以及他们做的事对企业有什么价值。

"佛系"背后隐藏的其实是职场焦虑，这种焦虑是普遍的，即使是 CISO 也未能幸免。但如果 CISO 不直面这种焦虑，就可能引发恐惧、纠结、拖延、愤怒、抑郁等一系列不良情绪。在职场中，包括 CISO 在内的任何人都不能太"佛系"，正确的做法是制定一个目标，然后拼尽全力，为了实现目标而奋斗，去寻找属于自己的那一份安全感和价值感。

3.2.2 CISO 要具备战略思考能力

数字化时代，《中华人民共和国数据安全法》《中华人民共和国网络安全法》《中华人民共和国个人信息保护法》等各种各样的法律法规相继出台，安全成为考核领导的一个重要指标。如果企业的安全工作有问题，那领导的绩效考核结果就会受到影响。

之前 CISO 在企业中扮演的大多是辅助角色，地位不高，能力也没有达到一个比较高的水平，所以没有得到重视。而现在，这种局面必须尽快被扭转，否则 CISO 的职业生涯将很难有进一步发展，升职加薪也只是奢望。

对于 CISO 来说，突破困境的关键在于培养战略思考能力，站在领导的角度思考问题，然后想方设法为企业的安全体系提供有力的支撑。虽然很多 CISO 目前还不具备这种能力，但"有志者事竟成"，只要肯努力，他们就能获得这种能力。

CISO 如何修炼战略思考能力？

关键点 1：建立能支撑职责的情报体系

CISO 要建立能支撑职责的情报体系。就现有情况看，有些情报体系是与攻防相关的，包括深受业界关注的威胁情报体系；有些情报体系是与行业相关的，包括厂商调查情报体系、行业法律法规整理与研究情报体系等；有些情报体系是与发展趋势相关的，包括 IT 趋势情报体系、经济趋势情报体系、国际市场趋势情报体系。这些情报体系的作用不同，例如，威胁情报体系是为了获得竞争对手的信息，IT 趋势情报体系是为了了解企业的技术水平和未来技术研究方向，国际市场趋势情报体系是与企业在国际上的发展环境有关。

关键点 2：掌握"设计"的技巧

为了学会战略性思考，CISO 要掌握"设计"技巧，即通过安全制度设计、安全架构设计、流程规范设计、技术引进和应用方案设计、合规限制审查方案设计等，建立并完善企业的安全体系。有时 CISO 也要冲锋陷阵，果断地为一些关键行动做决策。但决策不是"一时脑热"做出来的，而应该是在运筹帷幄谋划下的明智之举。

以上对战略思考能力的描述和要求，只是一家之言，CISO 可以将其视为理想标准或做好安全工作的参考思路。大家不必执着于此，要结合企业的实际情况和自己的能力对其进行适当调整。有了适合自己的方法，成就 CISO，轻而易举。

中篇
数字化组织的 CISO

第 4 章

能力修炼：CISO 应该具备商业能力

> 在英国，大约 2% 的 CIO 表示 CISO 在企业中是与自己同级的，但随着 CISO 的地位不断提升，二者同级将成为常态。这意味着，CISO 不仅要掌握安全知识，还要学习如何成为领导。通常一位合格的领导应该具备较强的商业能力，而商业能力又可以细分为沟通与协调能力、领导力、营销能力。CISO 要修炼这些能力，以真正地对企业有所帮助。

4.1 沟通与协调能力

ESG（企业战略集团）针对 CISO 应该具备的能力做了一项调查，结果显示，沟通与协调能力是成功的 CISO 必须具备的能力，关乎 CISO 能否将安全工作做好。在大多数企业中，CISO 所在的岗位、所承担的责任，常常是矛盾的焦点。因此，为了兼顾短期安全和长期稳定，CISO 要懂得"刚柔相济"，与董事会、职能部门等建立持久的良好关系。

4.1.1 让董事会听见安全"声音"

近几年，CISO 和董事会之间的关系受到重视，与之相关的话题讨论甚嚣尘上，甚至美国企业董事联合会（National Association of Corporate Directors，NACD）出版的网络风险监督手册也罗列了相关信息，并为 CISO 和董事会提供了可行的风险监管建议。

在数字化时代，为了和董事会保持良好关系，CISO 必须让董事会清楚地听见安全"声音"，争取获得董事会的支持和帮助，否则安全工作将很难开展。

CISO 如何让董事会听见安全"声音"?

关键点 1:向董事会传递关键信息

能否将关键信息传递给董事会,会深刻影响 CISO 在企业中的知名度和影响力。从这个角度来看,CISO 和董事会之间应该有一个良好、顺畅的沟通渠道。通过这个沟通渠道,CISO 可以将一些信息告知董事会,如安全预算增加或减少的原因、哪些安全项目要改进、董事会关心的安全指标、数据泄露的成本和损失、多久可以解决当前安全问题等。

为了保证董事会可以参与安全工作,及时获取信息,CISO 可以采取以下措施。

(1)建立安全管理模式和流程,尽量多地与董事会合作和沟通。

(2)夯实董事会在安全教育方面的基础,打破认知壁垒。

(3)将董事会纳入安全事件应急响应计划。

(4)赢得董事会信任,积极参加董事会讨论。

(5)定期向董事会汇报安全工作的现状和进度。

关键点 2:让董事会熟悉团队情况

CISO 应该尽早将团队情况告知董事会,而不是等到出现了安全事故才汇报,这一点特别重要。在日常工作中,CISO 的职责之一是与董事会建立和巩固信任关系,而让董事会熟悉团队情况则有利于加强信任关系。当然,CISO 也要了解董事会所有成员的安全背景和安全知识水平。通常双方之间的沟通可以先从一些比较容易理解的基础安全问题开始,然后逐渐过渡到比较困难、复杂的高级安全问题。

关键点 3:向董事会展示影响力

IBM 的一项研究显示,CISO 与董事会之间的互动非常重要,有利于让董事会看到 CISO 在企业中的影响力。要提升影响力,CISO 就不应该局限于安全部门或 IT 中心,而应该积极参与企业的各项事务,包括商业发展讨论、与第三方谈判,以及法务、内审、人力资源等相关事务,同时还要与合作伙伴、同行业组织、执法部门、监管部门等保持定期联系。

关键点 4：做董事会的战略顾问

现在安全风险已经成为董事会关注的关键问题，虽然部分企业有先见之明，成立初期就设置了 CISO 职位，但有些人可能无法胜任。CISO 作为安全负责人，应该在抵御安全风险方面发挥作用和影响力，做董事会的战略顾问，与董事会保持经常性的沟通。

由于董事会重视安全风险，因此他们希望 CISO 已经部署了一个健全、可以抵御安全风险的安全体系。想成为战略顾问的 CISO 就应该及时将相关情况传递给他们，让他们知道企业的所有重要资源都已经得到了很好的保护。另外，CISO 也要熟悉董事会比较关注的标准规范，如 NIST 网络安全框架（CSF）、国际标准化组织制定的 ISO 31000 风险管理标准等。

关键点 5：配合董事会审查组织安全状态

随着安全工作越来越重要，董事会可能要经常讨论和审查企业的安全状态，CISO 应该配合董事会做这项工作，与董事会一起从近期发生的安全事件中总结经验，并把经验应用到安全事件应急响应上，从而更好地弥补企业在安全方面的不足。

在任何企业中，一个很小的安全漏洞都可能导致所有系统和设备受影响，并可能波及一些非常有价值的数据。CISO 作为企业守护者，有责任也有能力帮助企业识别和处理安全漏洞，但这也离不开董事会的支持和帮助。可以说，CISO 和董事会之间的良好关系是当前数字化时代企业发展的重要保障，也是让企业更安全的关键"秘密武器"。

4.1.2 向董事会宣传你和你的目标

几乎所有 CISO 都要与董事会周旋，这个过程其实也是 CISO 宣传自己和目标的过程。有些 CISO 可能容易怯场，不能很好地与企业外部的人沟通，但只要与董事会对话，他们就可以立刻打起精神，卖力地宣传自己，并毫无保留地将目标展示给董事会。

CISO 如何向董事会宣传自己？

CISO 来说，宣传自己就好像卖产品，而董事会就是买产品的消费者。大多数消费者都希望以最短的时间得到关于产品的最关键、最有价值的信息，董事会自然也是如此。有些 CISO 为了宣传自己，向董事会输出了太多信息，妄想把自己身上的闪光点和优势，以及自己为企业做的所有贡献全盘托出。其实如果 CISO 真的这样做，董事会未必会感到开心。

聪明的 CISO 会像营销者一样思考，甚至会抽出时间学习一些常见的营销法则，如 4P 理论、Ansoff（安索夫）矩阵、产品生命周期理论等。另外，他们也重视着装，会在与董事会见面时尽量穿得正式一些，以表示对董事会的诚意和尊重，赢得董事会的好感。

CISO 如何向董事会宣传目标？

宣传目标和宣传自己有异曲同工之处，都是要保证信息尽量简短且集中在最重要的事上。CISO 可以将目标整理到一张 PPT 上，以便让信息尽量简短、有价值。CISO 要将 PPT 控制在三张以内，如果超过三张，董事会很可能会失去耐心。毕竟他们工作繁忙，而且要负责管理大量业务，根本不想花费很多时间和精力去弄清楚 CISO 的目标究竟包含了哪些关键点。

另外，目标可能涉及数据，CISO 要把最重要的数据筛选出来，将数据用董事会可以理解的语言完整地呈现出来。董事会希望 CISO 能以正确的方式处理数据，最好形成一份数据量表，而且这份数据量表必须是简短、实用、容易理解的。

在宣传目标时，董事会可能会给 CISO 大约 15 分钟的陈述时间，但如果在这段时间里，CISO 说了很多没有意义的话，展示了大量根本没有价值的信息，或者试图通过由大量低价值数据堆砌的酷炫的饼图和条形图吸引董事会，结果只会让董事会分心，甚至还会让董事会产生重新招聘一个 CISO 的想法。从这个角度来看，CISO 想让董事会理解和认可目标，获取董事会的信任，就要尽量在 15 分钟内把自己想表达的内容精练、流畅地表达出来。

无论是宣传自己还是宣传目标，提取少数几个关键点很重要。在董事会面前，

CISO 应该传达"我的工作状态良好,下个季度还会继续努力"或者"目标不够有挑战性,还要进一步商讨"等简短、精练、切题的内容。

4.1.3 如何与职能部门有效沟通

相关调查数据显示,在巨大的工作压力下,CISO 的平均任职时间只有 26 个月。现在 CISO 的工作越来越复杂,他们除了要应对安全威胁,还要帮助职能部门加快产品开发速度、保护远程工作安全,同时还要做安全预算,加强合规管理。

在做上述工作的过程中,CISO 要面临诸多疑难问题,其中最让他们头疼,也最应该优先解决的问题是建立一个顺畅的沟通机制,以便与职能部门进行跨职能协作,增进彼此的感情。

CISO 如何建立顺畅的沟通机制?

方法 1:早期协作

CISO 和职能部门之间的早期协作可以为安全工作的顺利开展奠定基础。相关数据显示,大约 47%的 CISO 认为,在早期就将安全风险告诉职能部门,可以帮助职能部门更好地评估它们将面临什么问题,以及当前工作计划是否应该调整。

另外,CISO 要优先考虑与业务部门合作,以保证业务负责人全面了解安全目标和当前安全方案,从而更好地满足业务部门的需求和期望。同时,CISO 也应该支持市场部门的宣传与推广计划,并积极与董事会沟通,寻求对话,

方法 2:建立共同术语

IDC 曾经公开表示,大多数 CISO 都喜欢使用与安全活动相关的数据,如处理安全警报的次数和频率、外部攻击的平均响应时间及补救时间等。但职能部门对这些数据并不感兴趣,也没有欲望去了解这些数据。因此,CISO 应该与职能部门的负责人一起建立一套容易理解的共同术语,然后用这套术语交流工作或分享经验。当然,这不意味着 CISO 要教会职能部门所有网络与信息安全知识,而是改变双方的沟通方式。

方法3：创造共享定义

CISO 精通安全知识，但职能部门的负责人缺乏这方面的知识。同样，职能部门的负责人可能精通商业知识，而这些知识恰巧是 CISO 不太熟悉的。因此，为了加强合作，双方可以参考美国国家标准与技术研究院（NIST）和国际标准化组织（ISO）提出的共享定义，借助这个定义管理安全风险，商议安全目标与工作优先级。

方法4：制定统一指标

有了共同术语和共享定义，职能部门能够更好地理解安全工作在企业风险框架中的作用，也可以和 CISO 协作。双方将共同开发一套用于沟通安全工作的关键指标，这套关键指标不仅要包括应对安全威胁的明确措施，还要涉及职能部门保护企业和员工安全所应该付出的努力，同时也要有关于安全工作的年度绩效指标，以便让 CISO 能掌握职能部门的工作进度。

方法5：正确分享技能

在安全事件发生前，CISO 和职能部门分享技能和计划是一项十分重要的措施。CISO 可以邀请职能部门参与安全演练，从而有效地推动合作，保证应急措施的顺利执行。

方法6：依靠高效率工具

从本质上来说，安全保护是一种实时操作，这就意味着，跨职能协作和及时响应离不开一些可以提升效率的工具。企业应该引进风险管理模型和框架，CISO 也要制定和实施全面的安全事件应急解决方案，以保证网络可见性。根据企业的发展阶段和安全环境的变化，以及内外部情报的异常情况，CISO 还要及时更新解决方案，并与技术负责人共享技术经验。

如今，大多数 CISO 都在企业中扮演着重要的角色。但安全风险与业务风险、市场风险、技术风险融合也是事实，这就要求 CISO 进一步增强安全意识，通过合适的方法解决职能部门关心和头疼的问题。CISO 如果希望董事会谨慎对待安全工作，就不要只关注杂乱无章的补丁，而应该用更专业、更具大局观的风格做事，争取职能部门的支持和认可，在企业中打造一个全员共同应对复杂安全问题的氛围。

4.2 领导力

信息系统安全协会（ISSA）提供的数据显示，超过 50% 的 CISO 认为，CISO 的成功取决于领导力。那么，CISO 应该如何修炼领导力呢？关键在于 CISO 要在企业发展战略设计、安全审计监督、安全事件管理、安全尽职调查等方面发挥作用。

4.2.1 企业发展战略设计

市场研究机构 Forrester 的一项调查显示，大约 55% 的受访者承认，企业在进行战略决策时并不会咨询 CISO 的意见和建议，或者咨询得很晚；还有部分受访者承认，在实施新技术时，CISO 经常缺席职能部门的安全评估与监督工作。

以往 CISO 是技术背景出身，专门负责安全工作，但数字化转型让他们的角色发生了巨大变化。他们从专注于技术层面的技术人员升级为进入董事会的管理者。为了巩固自己在企业中的地位，他们必须迅速切换到新角色并尽快胜任。

CISO 如何胜任新角色？

CISO 要胜任新角色，首先应该忘记之前的职责，把自己定位为战略官。升级为战略官的 CISO 不再只着重于安全工作的操作和执行，而将职责延伸到战略层面。他们要参与企业总体目标的制定，并设计有利于推动这一目标顺利实现的安全方案。此外，新技术、新法律法规、安全环境变化、安全事件发展趋势等也应该在他们的考虑之列。

在战略官这一新角色下，CISO 的关注点不仅是今天、明天或本周要做什么，更多的是要放眼未来，以更长远的战略视角想问题。他们要参与战略讨论，与董事会一起制定发展战略，并为发展战略的执行提供安全方面的支持。

CISO 在制定发展战略前，要了解企业目前的安全成熟度，查询内部和外部安全审计记录，核实企业持有的所有安全认证，并全方位收集利益相关者对安全实践的看法，了解他们对发展战略有什么想法。有一句话说得很好："如果你不知道自己在哪里，就很难弄清楚未来要去哪里。"制定发展战略也是一样，CISO 必须做好充分准备，掌握企业的实际情况和背景信息，然后以此为基础为企业规划前进路线，推动企业向更好的方向发展。

4.2.2 安全审计监督

安全审计通常要衡量企业现有技术、政策和程序，将其与特定的安全标准、法律法规及指导方针作对比，然后进行差距分析，从而尽早发现并消除差距，保证安全方案顺利落地。CISO 有领导力的主要表现之一是发挥监督功能，而安全审计则是 CISO 的重点监督对象。

CISO 为什么要监督安全审计？

（1）及时了解 IT 基础设施、智能系统与设备的运行情况，提前预测潜在漏洞。

（2）更精准地判断当前安全方案是否满足最低合规要求，控制安全风险。

（3）评估安全工作流程的效率及其与发展战略的匹配度。

（4）进一步优化安全控制与管理措施，帮助企业降低安全风险。

（5）完善安全事件应急响应计划，更好地抵御外部攻击或其他威胁。

在监督安全审计的过程中，CISO 要重视哪些关键点？

关键点 1：评估安全方案

安全方案对保护企业的网络与信息安全至关重要，通过评估安全方案，CISO 可以对数据进行分类，并明确保护这些数据要使用哪种安全级别。CISO 应该将安全方案与全球认可的安全标准作对比，如欧盟《通用数据保护条例》《美国萨班斯—奥克斯利法案》等，以及国际标准化组织、云安全联盟、互联网安全控制中心等机构发布的标准。

根据所处行业或辖区的不同，企业可能要遵守一个甚至多个标准。例如，金融行业的企业通常要广泛使用信用卡和借记卡，其安全方案必须符合《支付卡行业数据安全标准》；上市企业，尤其是跨国上市企业的安全方案要遵守《美国萨班斯—奥克斯利法案》；位于欧盟或在欧盟从事业务的企业则要根据《通用数据保护条例》设计安全方案。还应该注意的是，国际标准化组织发布的标准通常适用于各个行业和辖区的企业。

关键点 2：明确安全审计的综合措施

将安全方案、风险管理措施、合规要求整合到一个统一的文件中，CISO 就可以更精准地把握企业的安全"脉搏"，同时更高效地开展安全预测与风险预测和合规工作。

在安全审计正式开始前，CISO 应该优先考虑合规要求。或者如果企业有合规部门，CISO 也可以直接寻求合规负责人的帮助，让对方共享合规信息。当然，双方也可以面谈，针对市场上新出现的法律法规交流看法。这样 CISO 就可以及时了解法律法规的变化，保证安全审计与企业的合规要求是一致且没有冲突的。

另外，CISO 也可以借助仪表盘、数据库等自动化工具与职能部门无缝沟通，并高效协调安全审计相关活动。有了自动化工具，CISO 就能在云上轻松维护、访问、共享关键信息，分析目前是否有无效的安全审计环节，以及这些环节可能会对整个组织产生什么样的影响。根据分析结果，CISO 要主动给出有针对性的建议，及时解决已经发现或潜在的问题。

关键点 3：实施基于风险的安全审计方法

在企业中，安全风险无处不在，而且有些安全风险已经超出了安全审计范围。CISO 要知道哪些环节容易出现风险，然后据此明确安全审计工作应该从哪里开始。这种基于风险的安全审计方法可以帮助 CISO 将安全审计重点放在风险最高的领域，对其活动和资源进行优先排序。CISO 要通过风险评估和情景分析等措施，为安全审计执行人收集情报，由此产生的情报有助于执行人制定一个系统的、有明确和可实现目标的安全审计方案。

对 CISO 来说，监督安全审计也许是一项新颖的工作，但承担此项工作是修炼和提升领导力的必经之路，有利于 CISO 的价值得到普遍认可。安全审计具有非常强的专业性，因此 CISO 要持续提升自身能力，把握安全审计流程，并采取严格、系统的方法。这可以保证安全审计结果顺利交付，使企业在不断变化的安全环境中更好地应对挑战。

4.2.3 安全事件管理

数字化转型不断深化让数字攻击变得越来越常见，董事会也比以往任何时候都更担心数字攻击发生在自己的企业中。根据普华永道的一项调查研究，超过 70% 的受访者都将数字攻击视为企业面临的最大威胁。在数字化时代，这些受访者的担心是有道理的。

SafeBreach 曾发布的一份报告显示，恶意软件渗透成功率已经超过 60%。虽然现在市场上已经出现了 3 000 多种安全漏洞解决方案，但董事会依然非常害怕恶意软件会入侵系统，导致系统无法正常运行。为了打消董事会的疑虑，CISO 要尽快精准地识别违规行为。这说起来容易，做起来难，因为有些攻击并不会破坏系统，还有些攻击会在系统出现异常情况前就已经破坏了系统。这意味着，到了应该采取行动时，CISO 甚至无法诊断问题。

CISO 想以更快的速度抵御攻击，尽快修复容易修复的漏洞与灾难性漏洞，就要进一步加强安全事件管理，制定完善的安全事件应急响应计划。

如何制定安全事件应急响应计划？

如今，安全事件的可变性和不确定性非常强，这让安全事件应急响应计划的制定变得困难。不少 CISO 将安全事件看作"龙卷风"，在真正的风暴到来前，他们不知道系统的损坏程度和攻击的严重程度。但他们可以准备几个有效的行动方案，并收集职能部门对安全事件的看法和需求，然后将比较合适的行动方案优化成一份完整的安全事件应急响应计划。

制定安全事件应急响应计划要花费比较长的时间，为了节省时间，有些 CISO 就想从网上下载通用的安全事件应急响应计划。然而，如果没有前期的时间投入，企业中的利益相关者可能不会真正认可或深入研究通用计划。而且当安全事件发生时，如果通用计划中的某些协议与企业的利益或需求发生冲突，CISO 将无法决定应该采取什么措施。

《通用数据保护条例》试图推出一些通用标准，以帮助 CISO 更高效地制定安全事件应急响应计划。但这些通用标准只能为 CISO 提供一些借鉴，至于安全事件中的不确定性因素，还是要依靠 CISO 的经验来处理。另外，职能部门如何识别安全事件，是否要有配套的工具和团队与自己一起完成安全事件应急响应计划等问题也是 CISO 必须思考的。

出现安全事件，CISO 要怎样做？

第一，当安全事件爆发时，CISO 有责任为法律顾问、HRBP、公关部门、监管机构，以及任何可能受到影响的人或部门指明方向并提供建议。另外，CISO 还要通过邮件、短信、电话、钉钉、微信等方式主动将安全事件的具体情况告知相应的人或部门。

第二，对安全事件进行分析是 CISO 的一项重要工作，这项工作包括明确安全事件发生时间、绘制攻击画像、了解攻击者的历史攻击路径和历史攻击行为、收集攻击者的信息等。有了分析结果，CISO 就可以据此设计安全事件处理方案。

第三，CISO 应该针对安全事件建立层层递进的保护机制，而且不同层级之间要有相应的互补机制。例如，亚马逊通过洋葱型多层保护机制保护自身网络与信息安全。

第四，解决安全事件不能只依赖于单一服务或产品，否则安全事件会愈演愈烈，最终让企业遭受不可估量的损失。例如，防火墙可以抵御外部攻击，但无法处理恶意的内部攻击。对此，CISO 要通过访问控制、主机安全和数据加密来共同解决。

数字化时代是一个不断演进和发展的时代，安全事件也具有比较强的可变性和不确定性。因此，CISO 不应该放松警惕，而要定期更新知识与技术体系，根据内外部形势及时修改安全事件应急响应计划，以更妥善的方法和手段处理安全事件。

安全事件持续升级，准备不足的 CISO 将为自己和企业带来巨大风险。

4.2.4 安全尽职调查

2018 年，喜达屋的一个房间预订数据库被黑客攻击，导致大约 5 亿顾客的个人信息被泄露。此事件一出，业界哗然，不仅因为喜达屋是全球知名酒店品牌，还因为此事件是当时规模最大的网络攻击与数据泄露事件之一。而且此事件已经影响到喜达屋的品牌声誉，很多顾客都担心喜达屋能否做好安全工作，以及后续是否会再次出现同类事件。

更重要的是，因为喜达屋事件，投资者开始关注企业的网络与信息安全，甚至还在"尽职调查三板斧"（财务尽职调查+法律尽职调查+业务尽职调查）的基础上增加了安全尽职调查。而 CISO 作为安全负责人，必须为安全尽职调查顺利完成保驾护航。

在安全尽职调查阶段，CISO 应该做些什么？

关于安全尽职调查，Gartner 提出了"CARE"指标，其中"C"（Consistence）代表一致性指标，"A"（Adequacy）代表充分性指标，"R"（Rationality）代表合理性指标，"E"（Effectiveness）代表有效性指标。这些指标为 CISO 进行安全尽职调查指明了方向。

（1）一致性指标主要包括风险评估指标，如风险涉及范围、风险发生可能性等；安全意识指标，如接受过安全知识培训的员工数及比例、基本了解安全工作的员工数及比例等。此类指标的作用是让投资者了解企业的安全现状，表明企业对安全工作的重视。为了让投资者更放心，此类指标应该以周、月或季度为周期保持更新、测量和汇报。

（2）充分性指标主要包括漏洞弥补程度、抵御外部攻击所需时间和成本、恶意软件入侵频率等。此类指标可以帮助投资者分析企业现有安全措施是否符合其业务需求及期望。

（3）合理性指标主要包括安全事件导致的停机时间、增加新访问权限的平均延迟时间、某项安全措施的投诉数量、安全方案的调整频率等。此类指标可以评估安全工作的正确性、公平性、适度性，让投资者更清楚地知道安全工作与企业现有业务是否有摩擦。

（4）有效性指标主要包括修复漏洞所需平均/最长天数、安全事件爆发频率、云配置漏洞引发的安全问题数量等。此类指标可以评估安全措施能否帮助企业有效地实现预期目标。

要做好安全尽职调查，CISO 应该仔细分析投资者的想法和需求，提前了解投资者希望知道哪些指标，并尽可能详细地将这些指标展示出来。当投资者正式开始进行安全尽职调查后，CISO 还要与业务部门、开发部门、合规部门等一起配合投资者完成相关工作。

由于安全尽职调查的专业性比较强，因此有些 CISO 认为可以寻求专业机构的帮助，而自己则负责提供关键信息和数据。这种做法是可以的，但 CISO 要与有声誉、形象好的机构合作，否则不仅无法产生背书效应，对推动安全尽职调查实施也没有帮助。

另外必须注意的是，第三方对企业安全工作的了解没有 CISO 那么深入，他们设计的安全尽职调查方案也许会出现"可用但不适用"的情况。所以 CISO 不可以完全撒手不管，而应该在必要时为他们提供必要的文件和资料，配合他们做好安全尽职调查。

4.3 营销能力

以往 CISO 可能只被要求与客户、业务伙伴等第三方保持联系即可，而不必在这方面花费太多时间和精力。但近几年，CISO 除了要和第三方保持联系，还要借助自己的营销能力赢得第三方的信任，而这项能力也越来越频繁地出现在 CISO 的招聘要求中。

4.3.1 建立深度信任，与第三方共同成长

CISO 与客户、安全厂商、业务伙伴、监管机构等第三方之间的信任关系是安全工作顺利开展的重要保障。这种关系可以为企业带来显著收益，也能帮助 CISO 了解行业趋势、新型攻击与解决方案等，还有利于 CISO 做好业内相关竞争者的分析报告。相反，如果 CISO 无法和第三方进行有效交流，也难以与第三方达成互利互惠的合作结果，就会对企业造成一定的负面影响，包括更频繁地遭受攻击或威胁、在投资或融资方面遭受经济损失等。

CISO 想和第三方建立良好的信任关系，关键在于了解第三方的想法和需求，分析他们希望从合作中得到什么。当然，CISO 也要知道自己希望从合作中得到什么。

第三方希望从合作中得到什么？

（1）为了获得第三方的信任，尽可能地为他们提供最佳体验，CISO 要对他们开诚布公，把企业的安全现状告诉他们。另外，因为现在企业越来越依赖灵活的、云原生的、开放的安全解决方案，所以他们也希望知道自己是否已经被纳入安全体系。

（2）有些 CISO 执着于和第三方共享与攻击技术或特定行业威胁趋势相关的信息，导致第三方不知所措，因为他们可能对这些信息没有兴趣和需求。但如果 CISO 了解了他们的业务和优先事项，就可以将他们最想知道的信息提供给他们，从而获得他们的好感。

（3）在合作过程中，第三方希望自己可以从实用、有效的反馈中受益。对于第三方推出的产品或服务，CISO 可能感到不满，尽管第三方已经为此做了很多努力，但效果似乎不太理想。此时 CISO 不应该一味地责怪他们，而应该为他们提供一些可行性建议。因为指导他们要比责怪他们更能减少负面影响，也能确保整个合作过程有较好的秩序。

CISO 希望从合作中得到什么？

任何信任关系的建立都离不开双向奔赴，所以 CISO 除了要了解第三方希望

从合作中得到什么,还要知道自己能从合作中得到什么。

(1) CISO 希望第三方能够提供可以保护网络与信息安全的工具,包括安全运营方案、攻击防御解决方案等。CISO 要对第三方进行筛选,但 CISO 的时间和预算是有限的,而且工作压力也不小。第三方如果可以用极高的效率设计出符合 CISO 需求的高质量产品或服务,那么整个安全团队的附加价值都将得到进一步提升。CISO 又怎么会不为此而感到开心呢?

(2) CISO 都想从第三方那里获得相应产品的安全功能,这是毋庸置疑的。CISO 应该在与第三方沟通时将自己对安全功能的需求说出来,包括覆盖范围、性价比、交付成果等。诸多前车之鉴都在提醒着 CISO,如果只考虑漏洞问题,那么很可能会在合规上给企业带来巨大损失。

(3) 根据第三方提供的产品或服务,CISO 可以知道"他们能解决什么问题",同时明确"他们不能解决什么问题"。对于第三方不能解决的问题,CISO 要提前想好自己或安全团队的成员应该做些什么,以及第三方在这个过程中的参与度等。

了解了彼此的想法和需求,沟通便成为后续合作的关键点。在沟通时,CISO 要知道自己应该表达什么、倾听什么,以及双方将出现哪些分歧,这些分歧又应该如何解决等。换言之,除了商业机密(如业务模式和流程等)、隐私、糗事等,一切与企业相关的重要信息都要清晰、公开和透明,这对于建立持久的信任关系大有裨益。

综上所述,彼此了解、沟通是 CISO 与第三方保持信任关系的两大因素。CISO 要和第三方一起找到一种以价值为中心的方法,帮助企业更快地做出数据驱动的安全决策。二者也要及时交换和共享自己知道的信息,尤其是在攻击发生时,信息交换和共享更有价值。

4.3.2 在合规的前提下提供服务

其他行业的营销大多讲究天马行空,会衍生出各种新奇、潮流、现代感十足的营销方案。但安全行业追求的是严谨、一丝不苟,不容出现任何差池。因此,有一定营销能力的 CISO 往往非常重视合规,致力于在合规的前提下提供服务。

现在数字化转型如火如荼,几乎所有企业都在围绕数据展开运营,导致数据泄露和滥用的风险持续提升。如果没有更全面、更严格的合规要求,那么数字化转型很可能会为企业带来无法预估的损失,甚至会威胁人民和国家的安全。于是,为了保护安全,合规要求激增。CISO 要练就营销能力,就更应该在提供服务时关注合规。

CISO 应该如何做才能满足合规要求?

关键点 1:将"保护数据"作为口头禅

CISO 是确保网络与信息安全的主力,无论合规要求多么严格,他们的首要任务都是保护企业的数据,以及客户、合作伙伴、员工、董事会的利益。纵观一些主流合规指导方针,如《支付卡行业数据安全标准》、《通用数据保护条例》等,其中心主题都是保护数据安全,避免数据泄露或丢失。另外,基本上大多数合规要求都遵循"CIA"原则,即数据的机密性(Confidentiality)、完整性(Integrity)、可用性(Availability)。

在数据合规方面,构建数据安全标准体系也是 CISO 的一项重要工作。该体系通常整合了数据在全生命周期中(包括数据的设计、维护、审核、验证、分发、使用等)的安全标准,CISO 要根据企业的实际业务情况为该体系制定制度规范,同时还要参照官方发布的相关技术要求。

关键点 2:和安全审计人员成为朋友

安全审计是合规体系的重要组成部分,CISO 要和安全审计人员成为朋友,帮助他们了解安全知识。有些比较聪明的 CISO 几乎每周都会与安全审计人员举行会议,会议主题往往同时包括合规性和安全性。在会议中,安全审计人员可以清楚地阐明 CISO 应该提供什么,而 CISO 则可以收集安全审计人员的需求,并及时地对其需求做出回应。

对 CISO 来说,与同时了解合规性和安全性的安全审计人员合作非常重要。

曾经有一家企业准备花费 500 万美元引进一个安全管理系统，就在 CISO 与厂商谈判前，安全审计人员及时给出了与审计要求相关的安全与漏洞报告。这极大地提升了 CISO 在谈判中的地位，使 CISO 牢牢地掌握了主动权，也帮助企业大幅降低了系统引进成本。

在我国，组织内部设置安全审计岗位的企业很少，大多设置的是监管岗位。CISO 在进行合规管理时，可以与监管人员多沟通。这样不仅有利于更好地满足合规要求，双方也可以交流经验。而且双方所站的角度不同，会在合规方面碰撞出"火花"。

关键点 3：多组织一些安全训练

员工是网络与信息安全的第一道防线，CISO 必须让员工意识到任何一个很小的错误行为，或不作为，都可能引发安全风险或违规事件。为了更好地保护企业的安全，CISO 要花费时间和精力对员工进行安全训练，帮助员工了解自己的安全职责定位，同时还要指导员工了解某些不良行为，以及不作为导致数据没有得到充分保护会给企业带来哪些负面影响。

关键点 4：了解安全事件的本源

如果企业出现安全事件，那么 CISO 在合规方面所做的努力可能会遭受质疑。所以 CISO 有必要深入了解出现安全事件的原因，以及安全事件给企业造成了多大的损失。然后 CISO 要制定补救措施，以妥善解决问题，防止安全事件再次发生。

把安全事件原原本本地梳理清楚，也有利于 CISO 与监管人员交流。CISO 可以将安全事件的前因后果告诉监管人员，并向监管人员说明自己不想让安全事件再次发生，也愿意付出时间和精力去最大化地弥补损失，降低安全事件对企业声誉造成的损害。如果安全事件严重到要罚款或处分的境地，CISO 及时和监管人员坦白具体情况，他们很可能会被宽大处理。

CISO 作为安全负责人，最重要的任务之一就是重视合规要求，并尽己所能满足合规要求。虽然这项任务并不简单，极具挑战性，但有压力才有动力，CISO 要顶住压力，始终保持进步的动力，促进企业更安全、稳定地成长与发展。

第 5 章

承接战略：将安全置于数字化转型战略的核心地位

> 如今，数字化转型已经成为企业构建和提升竞争力的必然选择，并催生出极具现代感的经济发展新理念、新愿景、新格局。在数字化转型过程中，安全起着至关重要的作用，是企业必须应对的挑战。CISO 作为安全负责人，一个重要的任务就是将安全置于数字化转型战略的核心战略，使其更好地承接战略，推动战略在组织中顺利落地。

5.1 数字化时代的安全挑战

数字化时代，安全呈现出复杂化、多样化、体系化、常态化的发展趋势。更重要的是，新技术不断涌现，安全与业务进一步融合，风险种类也越来越多。这意味着，CISO 不得不应对前所未有的挑战，而在此背景下，如果他们还是以之前的方法和手段进行安全建设，则很难取得成功，更无法成为推动数字化转型的中坚力量，从而逐渐失去董事会的信任。

5.1.1 新技术改变了防御策略

移动互联网时代，人可以成为一个 IP；物联网时代，物品可以成为一个 IP；人工智能时代，机器人可以成为一个 IP。各种新技术的应用和普及，不断突破连接边界，让连接点变得越来越多。在这些技术的助力下，消费者只要动动手指，产品就直接送到家了；工厂引进大量智能设备，开始依靠机器人生产；未来司机也许只要动动嘴巴，就可以驾驶汽车。

如今，各个领域都在依靠高度智能化、自动化的技术运作，这些技术的持续发展让实体经济和数字经济深度融合，掀起了以数字化、智能化为核心特征的第四次工业革命浪潮。然而，这些技术在催生巨大生产力，为社会带来便利的同时，也模糊了传统网络边界，导致新一代威胁和攻击的"潘多拉魔盒"被打开，并对防御策略提出了更高的要求。

技术如何影响防御策略？

新一代威胁和攻击愈演愈烈，原来经常困扰企业的安全问题，现在还在继续涌现甚至发酵，例如，大数据、云计算等技术越来越先进，如何更好地保护个人隐私；人工智能、区块链、5G等技术催生更严峻的安全挑战，企业要怎样妥善应对等。要解决这些问题，CISO的技术思想、方法论和思维模式都要演进，还要重新审视企业现有防御策略。

由新一代威胁和攻击引发的安全事件，往往会对企业造成巨大影响，企业要有更严谨、更有创造力、更高级的防御策略。这给安全行业带来了新的发展机会。据有关机构预测，未来10年网络安全行业将保持年均15%的复合增长率，预计到2035年前后，网络安全行业规模有望突破万亿元。

现在安全已经不仅是网络、信息的安全，更是国家、社会、基础设施、城市的安全。这种更广泛意义上的安全让世界进入"大安全"时代，安全事件频繁发生，企业面临的危机空前严峻。CISO要想在董事会面前展示自己的价值和作用，就更应该迭代防御策略。

如果CISO制定的防御策略跟不上时代发展潮流，那么企业在引进技术时可能会遭遇重重挑战。未来，当几百亿、几千亿个智能设备与移动互联网连接后，企业面临的安全问题也会更棘手。在这种情况下，防御策略要聚焦本质安全，CISO则要有"归零心态"。

目前对于技术引发的安全问题，大多数CISO的防御策略还是"有病治病"，即先找到漏洞，然后解决漏洞。这项工作是有意义的，但 CISO 还可以探索另一种防御策略——"增强体质"，即通过新一代漏洞解决方案应对技术发展带来的各种挑战，包括安全挑战。

技术在进步，时代在发展，新问题和新挑战不断涌现。对 CISO 来说，加强安全管理是永恒的课题。未来 10 年甚至 20 年，将是安全管理的"十字路口"，以往的防御策略亟待调整和优化，CISO 要拿出更有效的防御策略帮助企业抵御威胁和攻击。

5.1.2 安全与业务融合加深

一直以来，CISO 的职责更多地体现在安全体系建设、安全事件管理等方面。但进入数字化时代，董事会对 CISO 的要求发生了巨大变化，CISO 的定位也变得更广泛、更复杂。为了满足董事会的要求，找准自己的定位，CISO 不仅要对安全工作有深入的了解，还要具备业务头脑，牢牢地掌握影响业务成败的关键因素。这意味着，安全与业务将更紧密地融合在一起，CISO 作为安全责任人，自然要在此过程中发挥关键作用。

CISO 如何进一步融合安全与业务？

1. 统一安全方案与业务目标

CISO 要统一安全方案与业务目标，为此，CISO 必须对价值链的价值释放有敏锐的洞察力。有时董事会可能会问"咱们公司新一年的业务目标是什么？"，很多 CISO 根本回答不上来。然而，对数字化时代的 CISO 来说，了解业务目标，将业务目标与安全方案联系起来非常重要。

2. 关注向上管理

新时代的员工往往善于使用批判性思维，会主动地与管理者沟通，CISO 也应该有这样的意识。聪明的 CISO 会花费更多时间和精力进行向上管理，而不会只纠结于如何做好向下管理。在向上管理的过程中，CISO 应该有主见，即做出并坚持自己认为对的决策，然后将决策汇报给业务负责人，说服对方接受决策。虽然没有十全十美的决策，但 CISO 的优柔寡断可能会造成更大损失，毕竟新一代安全建设和管理要有足够强的敏捷性。

3．不要忽视人的价值

很多企业都缺少高素质人才来推动安全制度的执行和落地。为了解决此问题，这些企业不仅要从外部招聘人才，还要充分利用现有安全团队。CISO 作为安全负责人，要具备管理新晋人才和安全团队的能力，指导他们最大化地发挥价值，帮助他们尽快地做出成绩。

4．精准传达安全工作

有些 CISO 在向董事会汇报安全工作时说："2022 年，我一共阻止了 100 亿次垃圾邮件攻击。"这样的数据的确会让董事会印象深刻，但似乎并不是董事会真正想要的。CISO 要制作一份包括业务指标，而且十分简洁易懂的安全工作进度表，以更清晰地传达自己所做的安全工作，证明安全工作已经取得了实质性进展，并极大地推动了业务价值的实现。

5．充分利用内外部生态资源

CISO 要与业务部门，以及外部的同行、合作伙伴、第三方机构等进行交流与合作。与此同时，CISO 还应该积极参与业务部门组织的活动，并加入比较有影响力的行业性组织，如安全顾问联盟（Security Advisor Alliance）等。这有利于 CISO 更广泛地了解业务部门对安全工作的需求，以及已经发生的安全事件，并在关键时刻获得帮助。

在数字化时代，安全与业务融合已经是大势所趋，CISO 要以开放的心态和正确的意识对待这种趋势。虽然将二者融合是一个长期且持续的过程，但 CISO 只要掌握了有效的方法，这个过程是可以被进一步简化的。

5.1.3　风险种类增多

网络安全公司 SonicWall 发布的《2023 年网络威胁态势报告》显示，2022 年发现了 465 501 个从未见过的恶意软件变种。这些变种引发了更多新风险，也让

CISO 在识别和抵御新风险时不得不承受巨大的压力。同时，CISO 还要解决新风险带来的各种问题，如技术能力欠缺、识别系统误报和漏报、安全调查等。

为了保证安全方案在新风险的影响下可以顺利执行，也为了实现更高效的威胁检测与防御，使数字化转型稳步推进，CISO 必须进行相应的思考。

对于不断涌现的新风险，CISO 应该作何思考？

思考 1：当新风险不断增多时，如何迅速识别威胁？

随着数字化转型的不断深入，新风险不断增加，而且增加速度通常超过 CISO 能力提升的速度。这就要求 CISO 必须分析大量数据，排除错误信息，发现真正的威胁。

当新风险出现时，CISO 应该将重点放在一些核心问题上，包括企业是否可以收集到来自日志、云、应用程序、网络、端点等诸多渠道的数据；是否已经对所有系统进行了全方位监测，并将数据与这些系统连接起来；连接数据与这些系统的成本大约是多少等。

思考 2：如何实现连续性的攻击分析？

大数据、云计算等技术已经在安全领域得到普遍应用，有了这些技术，识别出一次攻击对 CISO 来说并不是非常困难的。然而，一旦黑客潜入系统，往往会在几天、几周甚至几个月内进行多次试探性攻击，CISO 可能没有精力迅速处理所有攻击，更无法将其整合起来以洞察全局。

CISO 要在预算有限的情况下整合所有有价值的资源，保证在重大风险发生前了解企业的安全情况。CISO 应该重点关注的问题包括：目前是否有自动化工具来有效地处理重大风险；是否有现成设备可以对各类不同攻击进行实时监测等。

思考 3：在分析新风险时，如何实现效率最大化？

在分析新风险时，调查这些风险的来源极大地增加了 CISO 的工作量。因为 CISO 要想查明问题所在，必须从多个系统中提取数据，但在此过程中，损失可能早就已经产生。这很容易让投入大量时间和精力制定安全方案的 CISO 感到沮丧和无助。

为了提升效率，CISO 要知道自己应该手动进行哪些工作。另外，CISO 也要想清楚，当出现持续很长时间的攻击时，自己应该如何处理，以及是否要与其他团队合作，或者是否应该引进自动化工具。否则，CISO 将像无头苍蝇一样不知道要做些什么，从而影响效率。

思考 4：如何解决安全能力不足的问题？

有些企业经济实力不够、规模比较小，无法吸引受过良好培训、知识储备丰富、业务熟练的安全专家。这就导致安全团队中的成员缺乏从业经验，无法尽快地识别和处理风险。在这种情况下，CISO 要思考 TDIR（威胁检测、调查与响应）平台是否可以自动执行某些任务，以及它是否可以帮助经验不足的成员不断成长。

思考 5：如何让安全投入与防御效果达到一种平衡的状态？

当企业遭受的风险越来越多后，安全投入会变得越来越多，从而导致企业的综合成本急剧提升。CISO 应该制定一份可以减轻企业的成本压力，又能让企业获取尽可能多数据的解决方案。但这个解决方案是否会因为获取大量数据而要求企业投入更多资金；是否具备很强的可见性，并为企业提供灵活的许可机制等问题是 CISO 必须重视的。

如果 CISO 想超越黑客，在黑客发动攻击引发更多风险前做好防御措施，就必须更主动地进行上述几点思考。至于思考的深度和周期，则应该根据企业的实际情况和 CISO 的个人能力来决定。

5.2 从网络安全到数字安全

"落后就要被淘汰"是亘古不变的道理，在当下的数字化时代，安全能力落后的 CISO 就会被淘汰。随着数字理念渗透到经济、社会、企业的方方面面，CISO 必须把网络安全升级为数字安全，以筑牢坚固的安全屏障，进一步推动技术与发展模式变革。

5.2.1 数字化转型需要保护安全

每一家企业都不想陷入网络与信息安全负面新闻的漩涡中，更不想黑客的攻击导致业务中断，最终不得不花费巨额费用对业务进行恢复。但在数字化转型愈演愈烈的时代，这些愿望似乎并不容易实现，毕竟安全问题已经成为企业进行数字化转型所必须面临的挑战。

在数字化转型过程中，业务、客户或其他核心资源如果无法得到有效保护，那么一切工作都将变得没有意义。在越来越严峻的安全形势下，CISO 必须具备敏捷性、灵活性和快速决策的能力，更重要的是时刻关注安全优先事项，以尽快适应数字化转型的快节奏。

在数字化转型过程中，CISO 应该关注哪些安全优先事项？

1. 重视网络弹性

CISO 可以通过提升网络弹性来主动预防和抵御各种攻击。详细地说，CISO 要根据攻击的类型和频率进行风险评估，并制定相应的业务恢复措施。

2. 实施"零信任"策略

"零信任"是妥协的假设，在"零信任"的影响下，CISO 要向真正的账户或设备授予信任，而且通常不会在对访问者进行身份验证时无视一些不正确的行为。因此，"零信任"策略已经成为追求良好形象的企业的首选。该策略帮助 CISO 通过持续观察和及时检查活动更好地抵御攻击，也让黑客更难通过简单地窃取或克隆密码、设备、SIM 卡等取得成功。

实施"零信任"策略，意味着 CISO 可以持续地对访问者的身份进行自动化验证，以降低发生安全事件的风险。要在企业中推行该策略，CISO 要尽量争取最高管理者的支持。

3. 不断加强身份识别与访问管理

身份识别与访问管理是 CISO 的一项重要工作，可以保证企业内部的员工随时随地访问履行职责所需的资源和数据。CISO 要引进和完善身份识别与访问系统，从而更好地管理员工应用程序，而无须像之前那样以管理员的身份登录每个程序。更重要的是，在数字化转型过程中，该系统还可以使企业控制计算机、机器人、物联网对象的身份。

如果 CISO 无法加强身份识别与访问管理，那么黑客可以很轻松地伪装成特权用户，导致企业更容易遭受黑客的攻击和威胁。对此，CISO 可以制定支持业务目标身份识别与访问的策略，争取在不断变化的技术环境中保持足够的安全性。

网络与信息安全是实现数字化转型的重要前提。对企业而言，安全和发展相当于数字化转型的"一体之两翼，驱动之双轮"，没有安全的发展是不稳定的，没有发展的安全是不可持续的。可以说，二者是推动企业不断成长的中坚力量，缺一不可。

5.2.2 新边缘的网络安全

在数字化转型过程中，边缘计算的应用越来越普及，它可以为企业解决一些以往无法解决的问题，包括更迅速的数据分析与管理等。另外，它也可以帮助企业将一些数据转移到外围或更靠近工作需求的地方，以提高效率，降低流量消耗和控制网络延迟。

但与此同时，边缘计算的应用也让企业面临更多安全问题，并引发前所未有的新攻击。例如，之前不同系统是完全隔离的，现在都被连接到网络上，所以这些系统可能面临被盗用或被篡改的风险，从而出现更大的灾难性安全事件，如勒索软件攻击等。

扎克·史密斯（Zac Smith）是云服务提供商 Packet 的 CEO，他曾经公开表示，Packet 为了更好地进行边缘计算部署，已经在安全防御方面投入了大量精力和成本。他还强调，Packet 已经对数据中心进行了模块化处理，并在大型商业建筑或商场等共享空间中进行了边缘计算部署试验。不过在试验过程中，他和他的团队发现了不少安全问题。

于是，Packet 收集了由边缘计算部署引发的所有安全问题，并将解决这些问题作为重点工作。像Packet这种离不开边缘计算的企业，必须明确系统是否足够安全，同时还要避免设备遭受攻击和威胁。因此，它们必须想方设法保护边缘网络安全。

如何保护边缘网络安全？

（1）边缘网络安全可能比较复杂，因为不同利益相关者的需求有很大区别。例如，IT人员要将边缘网络安全与数据保护相关联，并最大限度地减少漏洞；技术人员则会根据操作的安全性和可靠性来定义边缘网络安全。所以要想真正实现边缘网络安全，就应该考虑不同利益相关者的需求，为其提供有针对性的解决方案。

（2）边缘计算相关工作往往由IT人员和技术人员负责，他们之间的沟通与协调非常重要。如果他们没有很好地进行互动，就会导致不利的结果。而且因为他们在保护运营安全和资源安全方面的作用是不同的，所以他们需要紧密合作。

（3）在保护边缘网络安全的过程中，对企业进行安全审计是一个很关键的环节。在此环节中，CISO可以配合安全审计人员精准地识别边缘的物理和数字威胁。当明确所有威胁后，边缘安全策略会更有针对性，也将更行之有效。

（4）网络协议是确保边缘网络安全的关键要素，在瞬息万变的环境中，知道设备何时以及如何与网络连接并交互非常重要。这就要求CISO必须非常重要设备访问网络的条件和权限，一种比较不错的解决方案是在硬件中安装控件，只让组织内部的设备访问敏感的应用程序和数据，或者也可以引进硬件安全模块或存储加密密钥。另外，使用不安全的个人设备工作的员工会在不经意间引发安全事件，加密密钥可以在网络和这些员工之间增加一层"保护膜"，从而降低风险。

（5）与传统IT基础架构相比，边缘计算对安全的要求有很大不同。为了防止攻击或系统故障，避免意外停机现象的发生，边缘计算必须得到自主性保护。因此，企业要有周全、完善的边缘网络安全策略，并主动地引导CISO实施该策略。这样可以满足直接进行边缘计算相关工作的IT人员和技术人员的需求，最大限度地降低安全事件对企业的影响。

安全是影响边缘计算大规模推广和应用的关键点之一，未来数字化转型带来的自动化和智能化将延伸到每一个系统和每一个设备。有足够优秀的边缘网络安全体系，企业才能长久、稳定、高效地运行，而不会被一些不可预测的风险所干扰。

5.2.3 以人为本的数字人文主义

被誉为安全界风向标的 RSAC 大会曾经以"人是安全要素"为主题，呼吁 CISO 关注人的价值。同时这一主题也反映出人对安全建设产生重要影响已经成为一个既定事实。腾讯基于人对企业安全的价值，从上到下建立了完善、系统的安全能力矩阵，并坚持向外部输出可复用的安全能力，帮助各大组织筑牢安全防线。

鉴于人的重要作用，也为了更好地推进和完成安全工作，每一位 CISO 都要想方设法激发人的热情和积极性，践行"以人为本"的安全理念，让数字人文主义在企业中蔓延。

CISO 如何建设"以人为本"的数字人文主义？

关键点 1：企业上下都要将安全视为战略重点

在企业中，一把手往往有更强的战略能力，这种能力与企业的生存和发展息息相关。但要解决数字化时代的安全问题，只依靠一把手的力量是远远不够的。从管理者到员工，所有人都应该从战略视角对安全体系进行统一规划，CISO 也要建立完善的安全防御机制。

随着数字化转型蔓延到研发、生产、运输、服务等几乎所有环节，企业的每一项工作、每一个职能部门的安全都必须得到有效保护。这意味着，所有人都要具备安全意识，同时还要掌握安全工具的应用方法。一把手作为企业的核心领导，要将安全提升到前所未有的战略高度上，而且必须亲自负责和管理与安全相关的所有任务和目标。

关键点 2：打造超前、极具狼性特质的安全团队

在数字化时代，一支"召之即来、来之能战、战之必胜"的安全团队对企业来说是最宝贵的财富之一。腾讯在安全团队建设方面有比较丰富的经验，企业可以适当学习和借鉴。

第一，腾讯关注不断升级的安全需求，并基于此为安全团队提供相应的支持。

腾讯有一支超过 3 000 位成员的安全团队，其中还包括一些安全领域的 Top 级明星人物，如 Tombkeeper（人称"TK 教主"，真名于旸）、吴石、袁仁广（人称"袁哥"）等。腾讯的安全团队致力于安全技术开发与安全体系建设，目前已经打造了可以支撑安全服务的"前台、中台、后台"架构，编织了一张涵盖安全防御、威胁情报收集与识别等多个领域的"安全网"。

第二，腾讯给予安全团队充分的信任和权力，并鼓励他们学习技术，增加知识储备。

云计算的迅猛发展让云端数据和业务的防御难度进一步提升，这就要求企业在上云过程中必须有足够强的安全能力，同时还应该打通安全团队与职能团队之间的障碍。腾讯的安全团队和职能团队一直保持良好关系，并一起成立了"云全栈安全研究工作组"。该工作组的主要职责是对云安全进行全面、系统的研究，并将已经成熟的安全服务内置到云中。另外，他们还致力于打造质量上乘、安全性强的云平台，以帮助腾讯吸引更多客户。

第三，腾讯重视安全团队的成长性，不断提升其实战能力。

如今，勒索病毒广泛传播、高危漏洞频繁出现、数据泄漏成为家常便饭。随着云计算等技术的发展，越来越多企业将业务迁移到云上，导致攻击进一步加剧，安全环境也变得更复杂。这就要求企业必须通过实战提升安全团队的监测、响应、防御能力。

腾讯的安全团队推出了"以赛代练"模式，即积极参加各项比赛以更好地提升实战能力。早在 2018 年，腾讯便赢得了贵阳大数据及网络安全攻防演练中攻与防的双料冠军；在一次国家级重点保护行动中，腾讯阻止了近 20 亿次 TCP 攻击和近 300 万次 WEB 攻击。

另外，腾讯的安全团队会不定期组织安全攻防实战对抗赛，联合诸多安全专家，在合规的前提下以攻方的角度分析现有业务漏洞，并高度模拟和还原真实情况下的攻防状态，从而使整体的安全能力得到进一步提升。

对于正在进行数字化转型的企业来说，坚持"以人为本"，弘扬数字人文主义已经不是"做"或"不做"的选择题，而是必须认真思考的问答题。增强安全意识，重视安全团队的建设和管理，适当吸取其他企业的成功经验，CISO 能不断提升自身能力，为企业数字化转型做更大贡献。

5.3　构建数字能力安全体系

传统安全体系已经不适应数字化时代的发展，而且，并不是做好安全工作，企业就一定可以打败对手。这倒逼企业进行意识和思维的转型，而转型的一个显著表现就是构建数字能力安全体系，保证安全工作正常进行。

5.3.1　打造全面、整体的安全韧性

数字化时代也被称为乌卡（VUCA）时代，即易变（Volatile）、不确定（Uncertain）、复杂（Complex）、模糊（Ambiguous）的时代。在 VUCA 时代，企业面临的环境非常复杂，网络与信息安全事件频繁发生，这导致 CISO 不得不处理大量强度和严重度都在持续提升的攻击。而且有时即使企业在安全方面进行了大量投入，CISO 也无法绝对地保证勒索病毒、数据泄露、软件漏洞等安全事件不会发生。

因此，为了保护企业的安全，CISO 必须找到应对 VUCA 时代的新方法和新思路，即打造全面、整体的安全韧性。所谓安全韧性，其实就是企业在面对安全事件及其不利影响的情况下，依然可以正常运作并让业绩和收入保持增长状态。

CISO 如何为企业打造安全韧性？

（1）衡量和管理企业在数字化转型过程中的风险与回报，实现合理的安全投入产出比。

（2）企业的安全准入控制方案要满足安全最佳实践的核心要求，为此，CISO可以采取多因素身份验证、XDR（可拓展威胁检测与响应）精准部署、数据管理与保护等措施。

（3）对已经发现的攻击进行处理，精准预防潜在攻击，并提升自动响应能力与修复能力。

（4）加强被攻击面管理，主动检测安全装置，尽快找到漏洞并及时响应。

（5）制定故障隔离策略和微分区方案，进一步降低安全事件对企业的影响。

（6）如果出现业务中断现象，CISO要有相应的措施使业务自动恢复。

（7）保证供应链韧性，明确利益相关者在供应链方面的共同责任与依赖关系。

另外，要打造安全韧性，一份行之有效的安全韧性计划是必不可少的。同时，CISO应该了解当业务中断时可以调用的资源有哪些。在此基础上，该计划要能帮助CISO分析关键业务及其依赖项目的性能，测试和验证云服务及其他相关服务的韧性。根据企业的实际情况，CISO还要明确不同工作的优先级，并在数字化转型的整个生命周期对其进行调整和改进。

安全形势不是一成不变的，所以CISO必须不断优化安全韧性计划，以缩短风险检测与响应时间，控制安全事件的影响范围。企业内部和外部的相关人员也要保持联系，安全事件可能会导致数据泄露，此时相关人员就要共同努力，一起出谋划策，尽快解决问题，争取将损失和影响降至最低。

上述内容介绍了打造安全韧性的前期工作，接下来则介绍一些重要的后续工作。

在打造安全韧性的过程中，CISO要关注哪些后续工作？

（1）巧妙利用"假定被攻击"思维（如图5-1所示），降低安全事件对网络基础设施的影响。CISO要保证在安全事件发生时，网络基础设施的核心组件能够正常运作。在这个方面，CISO应该将重点放在一些更有价值的工作上，如保护关键资源、提升响应敏捷性、采用包括公有云/混合云在内的现代化安全架构、减少被攻击面等。

逆向安全思维：假定被攻击（Assume Breach）

不是"放弃吧"的悲观主义，而是从入侵者的角度换位思考，从而更好应对安全威胁。

现状-"救火队员"
- 安全事件一定会发生，只是早迟而已
- 我们很难确定安全事件从哪儿发生，影响有多大
- 难以及时发现，并进行安全响应
- 难以进行溯源分析和取证

新的安全哲学-做好被入侵的准备
- 按照优先级保护企业IT资产，做好安全防护措施
- 基于零信任架构和纵深防御体系，在不同资源的访问控制层面通过显式确认/最小权限访问/层级隔离/微隔离来阻止攻击行为和防止蔓延，降低潜在影响
- 提高企业环境安全监控的可见性与覆盖度
- 确保安全响应、业务恢复的有效与高效

图 5-1 "假定被攻击"思维

（2）在规划 IT 项目时，对可能发生的威胁和攻击进行分析。安全团队、IT 团队、业务团队应该共同负责这项工作，并一起承担数字化转型过程中的安全责任。

（3）CISO 要通过"Secure by design"（设计即安全）原则来保证系统的安全设计，通过"Secure by implementation"（实施即安全）原则保证系统的安全构建。与此同时，CISO，还应该采取措施来检测、响应和阻止不断升级的安全事件。

（4）业务、IT、网络与信息安全是紧密融合在一起的。企业在开发新业务时，应该咨询 IT 团队和安全团队的意见，让他们帮忙评估和明确相关风险。同样的，IT 团队和安全团队也要充分考虑并围绕业务目标开展工作，做业务团队的最佳伙伴。

（5）CISO 要针对各类安全事件，制定明确、清晰的响应方案和相关操作流程，同时保证安全韧性计划可以在企业中顺利落地。

安全韧性是企业在 VUCA 时代应具备的一项核心能力，打造安全韧性是 CISO 的核心工作。对于某些企业来说，打造安全韧性可能非常困难，因为这意味着它们不得不改变战略、提升技术能力、优化安全架构等。但一个不争的事实是打造安全韧性已经是不可逆转的趋势，CISO 可以借此契机做出更亮眼的安全成绩，为

企业的数字化转型赋能。

5.3.2 强化员工对合规的认知

在当前安全形势下，CISO 开展安全工作有一个非常大的制约因素——员工对合规的认知不足。这意味着，CISO 只能基于有限的人力资源有选择性地做一些事，而且长期处于一种"救火"状态。要解决此问题，CISO 必须想方设法强化员工对合规的认知。

如何强化员工对合规的认知？

关键点 1：推动合规在内部迅速达成共识

在企业中，除了 CISO，其他大多数员工对合规的了解都是有限的，他们通常只能按照自己的知识储备和经验去配合 CISO 做一些非常简单的事。在此过程中，双方甚至都没有形成专业、系统、一致的语言体系，这就导致"做业务必须懂合规"难以落实，也会导致安全防御措施难以形成标准化流程；并且缺乏有效性和科学性。

通过顶层安全设计，企业的安全架构将进一步优化，业务战略与合规战略也可以保持一致。这样有利于各层级、各部门对合规达成一致的认知，也为安全能力在企业中的集成与落地奠定基础。

关键点 2：勾勒合规演进路线图

在大多数情况下，CISO 与其他员工，如业务人员、技术人员的关注点是不同的，导致他们对合规也有不同看法和观点。久而久之，合规的范围和职责界定就出现了模糊地带，对安全工作造成了严重影响。此时，CISO 应该和其他员工一起描绘和勾勒合规演进路线图，让大家充分理解合规的全貌，并明确合规与业务之间的关系，推动安全工作顺利落地。

关键点 3：建立协作、制衡的高效能组织

人才是合规建设的动力来源，是企业实现合规的关键因素。如果企业没有相应的人才体系，安全工作就无法高效且持续地开展下去，合规也就无从谈起。

CISO 应该梳理企业在岗位设置方面的不足之处，保证有足够的人才支撑合规相关工作的进行。

另外，CISO 也应该重视人才梯队建设，制定合规培训方案。安全运营人员、分析响应人员、攻防渗透人员等不同岗位的员工都应该积极参与培训并要有所收获。CISO 最好根据他们的情况设计与之匹配的培训模式和培训体系。

现在大多数企业都忙于数字化转型，CISO 作为合规关键责任人必须与时俱进，使合规的作用和价值在各层级、各部门达成共识。在此过程中，明确合规演进路线图，建立能力更强的组织尤其重要，这些都是 CISO 的关键职责所在。

5.3.3 构建安全生态

云计算、人工智能、大数据、物联网等技术打破了网络与信息的边界，导致安全生态建设很难由一家企业独立完成。即使是对于安全能力处于领先地位的企业来说，也是如此。在这种情况下，积极推动安全生态建设就成为当务之急。

现在很多企业，如 360 集团，都已经强势进军安全市场，通过构建安全生态打造自上而下的安全解决方案。有些 CISO 认为，只要引进了安全解决方案，就可以保护网络与信息安全，让企业高枕无忧。这其实是一个误区，因为黑客之所以能得手，基本上都是利用未知的漏洞入侵。毕竟现在绝大多数软件、硬件都存在漏洞，因此即使有安全解决方案，企业也有可能被入侵。

数字化转型推动了技术升级，这在为 CISO 带来巨大机会的同时，也让虚拟空间和物理空间被连接成为一个整体，发生在虚拟空间里的安全事件很可能也会对物理空间造成损害。因此，CISO 在做安全工作时，必须从顶层设计考虑，不能只关注自己的"一亩三分地"。因为其他组织不安全，可能会连累企业也变得"摇摇欲坠"。

为了帮助企业保护安全，减轻 CISO 的压力，360 集团重新明确了自己在安全市场的角色定位，积极构建安全生态，开发优质、有价值的安全产品，致力于以安全大脑为抓手打造自上而下的安全解决方案。

在 C 端，360 集团提供的大多是免费的安全服务，而针对 B 端，360 集团不仅不会采取免费策略，定价还不会特别低。因为"安全无小事"，360 集团坚持为 B 端客户提供个性化的顶层设计方案，帮助其筑起坚固的安全防线。

不过，要想真正地改变 B 端客户，乃至整个行业的安全现状，只依靠 360 集团的力量是远远不够的。因此，360 集团决定整合各方资源，构建安全生态。

在构建安全生态方面，360 集团做了哪些努力？

（1）与合作伙伴共同打造分布式安全大脑。

（2）分享威胁情报，进一步丰富知识库。

（3）为 B 端客户赋能，保护其网络与信息安全。

在 360 集团的支持下，B 端客户打造属于自己的数据分析平台，CISO 也可以及时掌握最新的威胁情报，帮助企业升级软件和硬件，完善企业的安全体系。另外，360 集团也可以在安全团队管理、攻击防御培训等方面为 CISO 提供服务，让他们的实战能力得到提升。

安全事件对企业，以及经济与社会的影响很大，CISO 要借助 360 集团等安全巨头的力量，完善网络基础设施，培养识别并阻断攻击、修复系统、迅速解决安全问题的能力。CISO 也应该多与专家沟通，和同行成为合作伙伴，共同构建一个优质的安全生态。

第6章

深化合作：CISO 与 IT 部门共建安全体系

> 不少专家认为，CISO 和 IT 部门之间的良好关系是推动企业发展与成功的关键因素。虽然两者的职责和目标有很大不同，但这并不影响他们和谐、紧密地工作，一起为保护企业的安全出力。如果他们不这样做，企业很可能会陷入困境，如发展速度放缓、数字化转型受限等。

6.1 为什么 CISO 与 IT 部门合作难

现在是数字化时代，CISO 与 IT 部门之间不仅要建立一种和谐的共生关系，还要对安全工作形成一致的看法。企业要想实现数字化转型，势必离不开紧密的合作。但推动 CISO 与 IT 部门合作并不容易，毕竟他们之间的矛盾由来已久。

6.1.1 勒索软件不被关注

现在很多董事会，尤其是不太了解安全工作的董事会，都会主观地认为 CISO 已经为应对勒索软件做好充分准备，也制定了完善的解决方案。还有很多董事会对 CISO 在应对勒索软件方面的作用抱有非常高的期望，也为 CISO 提供了相应的支持。

纵观整个安全领域的现状与发展趋势，对任何规模的赎金要求都毫无准备的 CISO 不在少数。甚至还有些 CISO 直接公开承认自己并未制定任何赎金策略，也不会为企业提供应对勒索软件的措施，更不会将应对勒索软件作为安全工作的重中之重。

忽视勒索软件是一种不正确的行为,这也是 CISO 与 IT 部门合作难的原因之一。因为企业一旦遭受勒索软件的攻击,IT 部门就会受到影响,有时还会被职能部门抱怨。而 IT 部门会习惯性地将这种抱怨迁移到 CISO 身上,从而破坏双方之间的关系。为了做好安全工作,与 IT 部门更紧密地合作,CISO 必须重点关注勒索软件,并想方设法避免遭受勒索软件的攻击。

CISO 如何防止和解决勒索软件攻击问题?

(1)对关键数据和知识产权进行备份。备份时,CISO 可以遵循"3-2-1 原则",即保证 3 份副本、2 种存储介质、1 份异地副本。

(2)以月为周期进行漏洞扫描,以年为周期进行渗透测试,让勒索软件"无从下手"。

(3)为所有服务器和终端设备安装恶意软件检测和防御程序。

(4)借助多种防御手段搭建多层安全防御体系,如高级威胁防御、防病毒网关、入侵防御,以及其他基于网络的防御手段。

(5)网络隔离是非常有效的保护安全的技术,可以很好地应对勒索软件。CISO 可以制定有效的网络隔离措施,防止通过局域网传播的勒索软件在企业中扩散,同时将一些非常重要的系统和设备隔离到独立的网络中,避免出现网络感染。

(6)为了识别来源不明的勒索软件,在内部进行信息共享很有必要。CISO 要随时关注勒索软件相关新闻和资讯,防止因为信息误差而让勒索软件趁虚而入,窃取关键数据。

(7)引进白名单机制。白名单决定了哪些程序可以下载和运行,从而限制没有经过认证的程序访问系统和设备,也可以防止员工贸然地安装恶意软件或访问受感染的网站。

(8)加强员工培训管理,特别要重点培训职能部门的负责人,培训内容包括不要随便打开来源不明的电子邮件或其附件、不要点击未知网站的链接、不使用未知公共 Wi-Fi、为不同账户创建高强度密码并定期更换、及时报告可疑活动、正确处理黑客提出的赎金要求等。

虽然不是所有企业都会遭受勒索软件的攻击,但所有企业都有可能成为黑客的目标。因此，CISO 要为应对随时可能出现的勒索软件攻击问题做好准备，这样即使此类问题真的发生了，企业也只会面临一些比较小的麻烦，而不会影响核心业务和正常运营。

6.1.2 数据隐私不注意

IDC 的一项调查显示，98%的企业都曾出现过数据泄露问题，而且每出现一次数据泄露问题，企业要付出的成本就高达数千美元到数百万美元。例如，三星就遇到过数据泄露问题，并为此付出了不小的代价，其声誉和形象更是受到了严重损害。

2022 年 7 月，三星发布公告，表示部分美国用户的个人信息在一次攻击事件中被未经授权的第三方窃取。另外，三星反复强调，这些用户的社会安全号码、信用卡和借记卡号码未泄露，被访问的只有他们的姓名、联系方式、出生日期，以及产品注册信息。

当时新闻一经曝光，三星就立刻回应，表示自己会加强安全管理，配合执法部门调查，并积极与信息被泄露的用户沟通。最后，三星公开说明，用户暂时没有必要修改密码或采取特定的方法来保护自己的账户安全，因为此次攻击事件没有影响设备消费。

不断出现的数据泄露事件让各大企业更加关注隐私问题。《通用数据保护条例》也明确规定了高达年度营业额 4%的巨额罚款，目的就是希望进一步提升数据保护的可见度。但到目前为止，很多企业在数据管理和存储方面依然存在缺陷。

CISO 也饱受隐私问题的困扰，甚至这个问题已经成为他们离职的一个重要原因。在出现数据泄露事件时，他们通常会被视为"替罪羊"。IBM 曾经对此进行了一项调查，结果显示，大约 50%的受访者认为 CISO 是对数据泄露事件"最负责任"的人。

因此，当一些比较知名的数据泄露事件被曝光后，经常会出现 CISO 被解职的现象。例如，第一资本、Equifax、Facebook（后更名为 Meta）、摩根大通等企业就因为数据泄露事件将 CISO 解职。但大多数企业在处理此类问题时比较低调，往往不会公布更多细节。为了保住工作，CISO 必须提升数据保护能力，避免企业的声誉和形象因为数据泄露事件而受损。

CISO 如何提升数据保护能力？

CISO 必须明确企业的关键数据被存储在哪里、应用于什么方面、可以存储多长时间、如何在组织中流动等问题，同时还要制定数据保护计划，了解隐私相关法律和概念。当数据泄露事件发生时，这些操作对降低企业的损失至关重要。

除了 CISO 及其团队，其他的大多数员工都不知道自己在数据保护方面所扮演的角色。所以未来，CISO 还有很长的路要走，其关键任务就是教育其他员工在数据保护方面发挥作用。

更重要的是，CISO 应该了解企业已经具备和希望具备的技术能力，在合规的情况下评估信息资产风险和出现数据泄露事件的概率，考虑隐私相关法律会如何影响数据保护计划。在数字化时代，这也是董事会、管理者和其他员工对 CISO 的要求和希望。

6.2 安全与IT"分手"的体现

推动 CISO 与 IT 部门合作并不容易，而且现实是，很多 CISO 和 IT 部门不仅不合作，还在闹"分手"。综合来看，"分手"主要体现在三个方面：拒绝共享信息、项目没有顺利完成、意外停机的时间延长。

虽然 CISO 与 IT 部门"分手"的情况并不会在所有企业中出现，但其对企业造成的影响和给企业带来的损失是不容忽视的。因此，CISO 与 IT 部门要想方设法修复他们之间的关系，尽快解决他们之间存在的职责错位、利益冲突等问题。

6.2.1 拒绝共享信息

运动赛事的国家/世界纪录是用来打破的，而企业的信息则始终被保留着，直至彻底失效为止。这些信息如果在长时间内没有得到充分重视，那它们的宿命可能就真的只能是失效。但现在的确有很多 CISO 不愿意与 IT 部门共享信息，导致企业面临严重的信息孤岛问题。

如何解决信息孤岛问题？

为了解决信息孤岛问题，也为了与自己的"好搭档"——IT 部门建立更紧密的关系，CISO 要全面、彻底地了解 IT 部门，包括明确 IT 部门最关键的资源是什么、这些资源通常在哪里出现，以及这些资源可能面临的风险有哪些。

另外，CISO 还要与安全架构师、基础设施经理深入合作，明确风险优先级，并将优先级结果及时告知 IT 部门。当 IT 部门想启动一个新项目时，CISO 也要当仁不让，以最快的速度参与进去，保证新项目所需技术不会让业务暴露在各种无法预知的攻击的威胁之下。

CISO 是面向整个企业、所有员工的安全负责人，他们必须具备丰富的知识储备。例如，他们负责和 IT 人员对接，那就必须了解代码开发、程序模块设计、IT 操作咨询等方面的知识，并在 IT 人员有需求时为其提供相应的支持。

一位从业多年的 CISO 经常为 IT 部门开展培训，传授 IT 部门正确应对安全事件的方法和技巧，并将自己掌握的最新资讯及时告知 IT 部门。IT 部门对此表示，只有经过培训，才知道企业面临的风险有多大，以及安全工作有多么重要。后来这位 CISO 还引导 IT 部门调整思维模式，帮助 IT 部门了解自己在安全工作中的实际价值。

大多数企业的 IT 部门都希望 CISO 可以共享信息。在共享过程中，IT 部门可以学习很多知识，掌握更多信息，而且这些知识和信息不是脱离工作内容，就是距离他们十分遥远，和他们平时必须完成的任务高度吻合。当然，CISO 也会因此受益匪浅。

6.2.2 项目没有顺利完成

如今，很多 CISO 认为所有安全工作都应该由自己独立负责，这其实无异于将自己置于危险之中。此类 CISO 会站在安全、合规的角度，要求 IT 部门哪些事可以做、哪些事不能做，而不是作为沟通促进者让 IT 部门行使相应的职责。

久而久之，IT 部门处理安全事件和抵御攻击的能力会降低，从而影响工作效率，导致项目错过了最后期限，没有顺利完成。另外，项目无法完成也从侧面说明了，CISO 没有和 IT 部门进行高效的互动和协调，双方之间的合作出现了差池。

如何解决项目无法完成的问题？

CISO 必须向不太熟悉安全工作的 IT 部门清晰、详细地解释项目可能面临的风险与安全解决方案，以便他们能做出更明智的决策，保证项目在规定的期限内完成。当然，这样也可以让 CISO 卸下独立承担安全风险的重担。

CISO 还要与 IT 部门的负责人，以及其他管理者深入交流。对于 CISO 来说，这是一项十分关键的能力。缺乏这项能力不仅会导致 CISO 效率低下，还会影响 IT 部门的表现。当 IT 部门表现欠佳时，项目的进度、质量、交付速度会大打折扣。

6.2.3 意外停机的时间延长

我们偶尔可以在网上看到这样的新闻："由于外部攻击导致系统大规模停机，××航空公司不得不取消多趟航班"，或者是"在购物节期间，××电商平台的系统一度濒临崩溃，甚至出现了停机的情况"。停机是 CISO 经常会遇到的问题，造成这个问题的原因是多种多样的，包括系统崩溃、人为错误、黑客威胁、内部操作不当等。

无论何种原因造成停机，可以肯定的一点是，停机会对企业造成十分严重的影响。

停机对企业有什么影响？

1. 数据丢失与泄露

在停机期间，CISO 和其他员工是无法访问数据的，虽然这看似是一个不会持续太长时间的问题，但可能让企业遭受比较大的损失。如果上一次数据备份是很久前进行的，而且 CISO 无法恢复从备份后到停机期间产生的数据，那这些数据就会丢失。

另外，停机也会导致数据泄露。在停机期间，员工为了避免工作中断，也许会使用不安全的第三方系统，导致一些敏感、有价值的数据面临被泄露的风险。IBM 公布的一项报告显示，2024 年全球数据泄露的平均成本已高达 488 万美元，同比增长 10%。

2. 生产力降低

卡内基梅隆大学的一项研究指出，停机对生产力有很严重的影响。当企业出现停机事件时，重新启动系统意味着要花费一定的时间，而 CISO 和其他员工也将面临比较大的压力和疲劳感，从而导致他们的工作效率大幅降低。

3. 经济损失

根据安全解决方案服务商 ITIC 的一项研究，80%以上的企业表示，停机 1 小时将导致它们损失 30 万美元甚至更多。当然，实际的经济损失可能更大，这具体取决于企业的规模和 CISO 采取措施的速度。

4. 无法量化的成本增加

除了可以量化的经济损失，停机还会让企业承担一些无法量化的成本，如运营框架被破坏、声誉和形象受损、错失市场机会等产生的成本。而且停机还会挫伤员工的士气，影响企业文化，从而导致团队的工作能力降低，影响战略目标的实现。

CISO 如何解决停机问题？

正所谓"时间就是金钱"，停机会对企业造成很大影响。如果停机持续很长时间，那企业付出的成本可能是无法估量的。同时，停机也是 CISO 和 IT 部门的"噩梦"，如果二者处理不好，势必会影响企业在市场上的竞争力，从而导致业务流失和收入降低。

考虑到停机的严重后果，CISO 必须用最短的时间追踪黑客，制定全面、细致、完善的备份和灾难恢复方案，并尽可能寻求值得信任的合作伙伴的支持和帮助，如第三方供应商、云服务提供商等。总之，迅速响应、做好准备是处理停机事件的有效方法。

6.3 如何让 CISO 与 CIO 牵手成功

当安全工作逐渐成为一项越来越重要的战略任务时，CISO 和 CIO 的关系也发生了一些变化。他们不再像之前那样"针锋相对"，而是成为合作伙伴。他们试图了解彼此的工作方式、职责、对安全形势的预测和看法，也希望知道自己可以为对方提供哪些帮助和支持。在他们的共同努力下，相信他们很快会牵手成功。

6.3.1 保证 CISO 与 CIO 有同样的发言权

在很多企业中，CISO 和 CIO 的关系都比较尴尬。一些专家认为，出现这种现象的原因其实是职级不同造成的发言权不平衡。而发言权不平衡又导致 CISO 和 CIO 经常忽略彼此的建议和合作邀请，或者直接驳回对方的观点和意见。CIO 会习以为常地向 CISO 发号施令，而不是与 CISO 进行平等、有效的沟通和交流。由此可见，让 CISO 与 CIO 有同样的发言权已经成为企业不得不应对和解决的一个棘手问题。

如何让 CISO 与 CIO 有同样的发言权？

（1）平衡 CISO 和 CIO 的职级，让 CISO 像 CIO 一样可以与董事会接触。这样 CISO 就可以更深入地了解企业的安全需求，并在制定安全战略时与 CIO 有相同的发言权和决策权。如果企业认为安全问题十分重要，那就必须给予 CISO 相应的权力，为他们提供与总裁、首席财务官、法律顾问等高层管理者沟通的机会，保证他们与 CIO 平起平坐，而不是屈居其后。

（2）让 CISO 和 CIO 一起参与重要活动，如战略规划会、投资者招待会等，鼓励他们充分表达自己的想法和观点。企业应该引导 CISO 和 CIO 朝着一个方向努力，让他们设置共同的目标和技术愿景。这些目标和技术愿景会映射到业务中，成为推动企业发展的重要力量。

（3）培养 CISO 的管理能力。CIO 长期处于管理职级，已经修炼了卓越的管理能力。而 CISO 因为之前不受重视，可能只专注于丰富知识储备和积累经验，而忽视提升管理能力。现在 CISO 的地位已经不可同日而语，为了巩固自己的地位，CISO 必须具备战略思维、谈判技巧、沟通方法，努力与同事建立良好的关系。未来大多数 CISO 可能要经常与董事会接触，所以学会高效地传递自己的观点，了解董事会的想法很有必要。

在平衡发言权方面，促进合作和建立关系是必不可少的环节。CISO 应该努力成为 CIO 眼中值得信任、能托付的安全顾问，甚至要预测 CIO 的需求，并提醒 CIO 在安全工作方面有什么漏洞和亟待改进的地方。当 CISO 和 CIO 可以相互尊重、彼此认可时，他们之间的合作更紧密，企业的安全也可以在他们的领导下得到更有效的保护。

6.3.2　CISO 和 CIO 共享网络安全所有权

考虑企业规模、职能部门需求、监管机构规定，CISO 和 CIO 在网络安全方面的职责有一定的差异。加之网络安全与业务越来越紧密地融合在一起，合理分配 CISO 和 CIO 的网络安全职责已经成为企业的一项重要工作。

CISO 的网络安全职责是什么？

CISO 的网络安全职责主要是保护关键数据，如客户数据、员工数据、源代码等。同时他们也要考虑大局，包括了解业务，帮助职能部门更好地管理和抵御风险，以及尽可能全面地"武装"员工，保证员工为安全事件做好准备并受到强有力的保护。

在数字化时代，网络安全要融入运营的各个方面，并成为从 CEO、董事会到员工的每个人的重点考虑事项。这意味着，CISO 必须从上到下地传递网络安全的价值和作用，减少安全团队面临的警报数量，让安全团队更好地应用自己的能力和其他同事提供的资源。

CIO 的网络安全职责是什么？

CISO 重点关注网络安全的日常和前瞻性规划，但在大多数企业中，与之相关的责任往往由 CIO 承担，并由 CIO 直接向董事会报告。因此，CIO 要及时掌握网络安全趋势，以此为基础制定安全战略，并保证企业的安全战略不会让企业处在危险之中。

另外，CIO 也要支持职能部门的工作，满足职能部门的网络安全需求，并通过引进和实施新技术提升企业的信息化能力，为企业打造一个安全环境。

由上述内容可知，CISO 和 CIO 的网络安全职责是不同的，这可能会导致他们之间发生矛盾和冲突。为了更好地合作，他们不能孤立地看待自己，而应该明白，虽然他们的目标不同，但走的路是一致的。

随着数字化转型不断加速，网络安全在运营中的作用发生了变化，CISO 和 CIO 之间的凝聚力也和之前有很大不同。这就要求他们优先考虑网络安全，并想方设法携手应对日益严峻的攻击和威胁。为此，他们必须共享网络安全所有权。

CISO 和 CIO 如何共享网络安全所有权？

很多专家预测，CIO 将主导网络安全方案的交付，而 CISO 则要管理并执行此方案。CIO 还要寻找并引进安全专家，这些专家必须知道如何保护企业引进的新技术，以及企业面临的最大风险是什么。对于 CIO 而言，和这些专家保持合作，与效率提升、成本削减等工作一样重要。

就现阶段来看，CISO 和 CIO 虽然代表了两种不同角色，但都朝着一个方向前进，共同建立网络安全流程，将网络安全视为发展战略的重要组成部分。他们要保证企业的稳定性和成长性，在组织中展示权威，针对网络安全问题做出明智、深思熟虑的决策。

6.3.3 调整汇报架构,加强沟通

近几年,很多企业加快了数字化转型和业务向云端迁移的步伐,风险偏好也发生了非常显著的变化。这推动了 CISO 和 CIO 进行更紧密的合作,甚至逐渐发展成为盟友。当 CISO 和 CIO 将彼此视为伙伴时,他们的步调会更一致。

在 Markel 企业中,Patricia Titus 和 Mike Scyphers 分别担任 CISO 和 CIO,他们已经合作了很多年,被同事称为安全界的"黄金搭档"。他们相互尊重、彼此欣赏,谈及对方不吝溢美之辞。

在大多数企业中,CISO 在 CIO 的领导下步履维艰,二者的关系并不像 Patricia Titus 和 Mike Scyphers 这样和谐,甚至经常出现分歧。

为了缓和关系,让 CISO 和 CIO 牵手成功,很多企业都摩拳擦掌,希望通过调整汇报架构加强他们之间的沟通,促使他们可以"力出一孔"。

如何调整 CISO 和 CIO 的汇报架构?

汇报架构因企业而异,也因行业而异。例如,金融行业的 CISO 向 CFO 汇报工作往往更合理;运输、物流或零售领域的 CISO,则很有可能要向 CIO 汇报工作。这意味着 CISO 不能向 CIO 汇报工作吗?当然不是。

有些企业想加强 CISO 和 CIO 之间的沟通,便会规定 CISO 向 CIO 汇报工作。知名企业级软件公司甲骨文的 CISO 布伦南·拜贝克(Brennan Baybeck)就曾经公开表示,他向 CIO 汇报工作已经很多年了,整个过程非常愉快,没有出现特别大的矛盾。

拜贝克非常开心自己可以与一位优秀的 CIO 共事。这位 CIO 积极进取,了解安全对企业的重要性,并大力支持拜贝克的想法和观点。在工作中,拜贝克会从业务和 IT 的角度向 CIO 介绍安全战略,并频繁地向 CIO 汇报工作进度和安全战略执行情况,目的是帮助他们了解安全战略如何推动业务发展、安全形势,以及企业可能面临的风险。

拜贝克会主动要求与 CIO 见面,他们不仅谈论工作上的问题,还交流对安全

战略的想法，一起探讨如何才能让安全战略更卓有成效。后来随着沟通的深入，他们的联系越来越紧密，拜贝克还被 CIO 提拔，顺利进入领导团队。这意味着，拜贝克可以在安全方面向董事会献计献策，其汇报对象也由 CIO 变成更高级别的董事会。

对于拜贝克来说，处理工作会占据他大约 75% 的时间，剩下 25% 的时间则主要是获取更多资源。而有些 CISO 会将大部分时间花费在争取资源上，其实这样是本末倒置。因为当 CISO 将工作处理得足够到位后，资源自然会奔涌而来，像拜贝克这样升职也指日可待。

一些有经验的 CISO 认为，向 CIO 汇报工作是一件好事。因为这样 CIO 可以更深入地了解风险，也能从全局的角度了解哪些环节的风险已经或即将得到有效管理。即使最终 CISO 可能还是要向董事会汇报工作，但与 CIO 并肩合作、每周见面、及时沟通都必不可少。

6.3.4 设置独立的安全预算

CISO 与 CIO 之所以会有摩擦，除了话语权、网络安全所有权、汇报架构等方面的原因，还有一个非常重要的原因——安全预算问题。CIO 经常被告知要削减预算，而 CISO 则希望增加预算来加强安全管理。要想解决 CISO 与 CIO 在预算上的矛盾，不妨让 CISO 独立设置预算，以进一步推动他们之间平等关系的建立和维持。

CISO 如何独立设置预算？

实现零信任、获取威胁情报、漏洞管理、引进新一代防火墙、防止数据丢失/泄漏、解决勒索软件问题、安全意识培训等都有成本。对于 CISO 来说，这些都是日常可见、优先级非常高的"烧钱项目"。

但很多 CISO，甚至是在知名大型企业任职的 CISO，手里的预算根本无法覆盖安全重点投资领域。当 CISO 提出的预算逐年增加时，领导便会心生疑窦，认为预算是"无厘头"的。此时 CISO 必须拿出有说服力的证据为自己正名，否则就很难摆脱"救火队员"的角色。

如何让领导认可预算？

在说服领导认可预算时，CISO 要向领导展示影响预算的因素，并告知领导预算是在综合考虑了这些因素的基础上制定出来的，其科学性和合理性很有保证。

因素 1：不断变化的威胁格局

随着各种新型勒索软件的出现，以及云计算的发展，威胁格局也发生了巨大变化。例如，很多企业都加速数字化转型进程，却忽视安全问题，导致攻击面进一步扩大，CISO 不得不增加预算以适应这种新形势。此外，端点设备越来越多，物联网应用也影响预算。

因素 2：经济形势变化导致安全资源短缺

经济形势会对企业的安全支出产生重大影响，例如，通货膨胀引发的资源配置失衡导致安全支出进一步增加，CISO 在制定预算时必须考虑这一点。而且现在安全人才来之不易，CISO 为了招贤纳士不得不提高工资标准，这也会导致预算增加。

另外，近几年，经济形势的不确定性越来越强，黑客攻击和其他可能破坏稳定的安全事件比之前发生得更频繁。为了更好地解决此类问题，CISO 必须增加预算，引进更高级的系统。

因素 3：政治事件加剧风险

世界各地的政治事件可能会加剧企业面临的风险，并对预算产生影响。某咨询机构曾经针对"由于政治形势不稳定，企业今年考虑采取哪些行动"这一问题进行调查，结果大约 60% 的 CISO 表示，他们正在考虑增加安全支出，希望可以向董事会争取更多预算。

因素 4：监管要求越来越严格

在过去几年里，监管要求一直在变化，与安全相关的各种法律法规相继出台，遵守这些法律法规的成本也在不断上涨。例如，CISO 可能要准备一笔费用去聘请第三方审计师或专业顾问，让他们对一些比较重要的合同进行审核，以保证这些合同满足监管要求。

因素 5：网络保险成本不断上涨

在经历勒索软件、未知病毒入侵、网络钓鱼等广为人知的攻击后，很多企业都在考虑或已经开始购买网络保险，这肯定会增加预算。不过企业可以通过降低网络保险的覆盖水平或增加免赔额来降低成本，但这也意味着企业必须承担更多风险。为了更好地平衡成本和风险，CISO 应该评估企业的安全现状，以此为基础决定网络保险的覆盖水平和免赔额。

数字化时代的到来让很多企业都陷入财务困境，董事会对预算"吹毛求疵"也情有可原。但如果是对企业非常重要的安全支出，CISO 必须据理力争，想方设法说服董事会。在审核预算时，董事会往往更关注数据及得出数据的原因，而不希望报告中有太多专业术语。

因此，CISO 要以数据为核心有针对性地向董事会介绍预算，以便董事会了解企业应该在安全方面投入多少，从而评估 CISO 提出的预算的合理性。

第 7 章

团队建设：安全部门规划与组织架构

> 《管子·权修》中有这样一句关于人才的名言："一年之计，莫如树谷；十年之计，莫如树木；终身之计，莫如树人。"一个由优秀的人才组成的安全团队是企业的核心竞争力，可以带领企业获得更好、更长久的发展。CISO 必须重视安全团队建设，从部门规划、组织架构等方面入手加强管理，保证安全团队在企业中最大地发挥作用。

7.1 建设安全团队的考虑因素

经济全球化迅猛发展，技术突飞猛进，企业之间的较量也越来越明显。这种较量更多的是人才方面的较量。7×24 小时响应服务、引进合适的员工、丰富员工的知识储备、控制人力资源成本，是大多数企业为了提升竞争力而采取的措施。安全团队作为保护企业的核心力量，必须有配套的建设方案和管理制度，这是当下 CISO 尤为迫切和重要的工作。

7.1.1 7×24 小时响应服务

黑客不会因为某天是休息日或已经到了凌晨而不对企业发起攻击。他们攻击的时间大多不固定，即使在新春佳节阖家欢乐之际，他们也有可能做出一些不法行为。例如，2021 年春节前夕，我国某视频网站遭受大网络攻击，后台审核系统被严重破坏；2023 年春节期间，某电商平台被不法分子攻击，对方试图入侵用户账户,虽然大部分攻击都被该电商平台阻止了,但还是造成了不小的损失。

由此可见,无论当下是什么时间,对攻击进行迅速响应都很有必要。所以在建设安全团队时,CISO 要重视 7×24 小时响应服务,保证企业一旦遭受攻击,一定是有人在岗值守的。

如何实现 7×24 小时响应服务?

所谓 7×24 小时响应服务,是指提供全天候、不间断的服务,即每周 7 天、每天 24 小时,不论什么时间,都提供相应的服务。360 集团的安全团队就做到了 7×24 小时在线,可以迅速帮助企业控制安全事件的恶劣影响,使各项工作在最短的时间内恢复到正常状态。

7×24 小时响应服务通常在安全预警、安全监控、威胁检测、终端准入严格管控等方面有所体现。这有利于安全团队建立全天候的横向联动机制,并在各小组之间共享信息,从而进一步提升企业处理安全事件的能力,保证所有系统正常、可持续运行。

(1)安全预警。一线安全分析师 7×24 小时值守,对由安全管理平台通过自动化分析生成的可能性安全事件进行初步判断,并过滤掉所有无效预警。二线安全分析师对一线安全分析师无法认定的安全事件做进一步分析,给出最终判断,并再次过滤无效预警。

(2)安全监控。安全团队 7×24 小时监控安全事件,对安全事件进行认定,一旦发现安全事件的确存在,就迅速通知应用管理接口人,并在第一时间启动安全事件响应流程。

(3)威胁检测。安全团队对监控范围内的所有系统进行全天候、不间断的监测和安全态势感知,及时上报潜在威胁和可能被攻击的环节,保证安全隐患的识别、预警、处理等流程的一体化迅速响应。另外,安全团队也要制作威胁检测报告,详细记录安全事件情况。

(4)终端准入严格管控。安全团队会对终端准入系统进行 7×24 小时管控,在第一时间放行白名单资产，并对黑名单资产进行严格阻断。这样可以保证只有通过合法授权的终端才能访问系统，其他未知的终端则被全部阻断，从而很好地实现了终端的合法、安全连接。

安全工作永无止境，抵御攻击和威胁没有终点。鉴于此，CISO要让安全团队提供7×24小时响应服务，充分了解可能影响企业或员工的安全事件，同时加强系统建设和管理，在安全事件发生时迅速采取措施，以可靠、安全的方式让员工保持沟通并共享信息。

7.1.2　全职和兼职的员工

在为安全团队招聘人才时，很多CISO会思考一个问题：全职员工和兼职员工哪个更适合企业。有些CISO选择招聘兼职员工，因为全职员工的能力不一定非常强，而且还会增加企业的雇佣成本；有些CISO则更倾向于招聘全职员工，因为全职员工的稳定性更强。

那么，CISO究竟应该招聘全职员工还是兼职员工呢？

对于处在发展初期的企业来说，兼职员工可能是在找不到理想的全职员工的情况下最好的选择。不过很多CISO非常不愿意招聘兼职员工，这无可厚非。但我们必须承认，当企业的综合实力还不是那么强时，是很难吸引高素质的全职员工的。

在安全团队刚刚成立时，CISO如果真的无法招聘到理想的全职员工，那不妨尝试让兼职员工进入企业工作。但是CISO需要加强对兼职员工的管理，包括制定清晰的操作流程、设计完善的薪酬模式、分配与其能力相符的任务等。

通常，兼职员工可以分为三种：第一种是CISO把操作流程完整地告诉他们，结果他们还是做不好工作（直接淘汰）；第二种是他们会根据操作流程和CISO的指导合格地完成工作(可以长期稳定兼职)；第三种是他们不仅能合格地完成工作，还会对自己提出更高、更严格的要求，并想方设法地把工作做到最好（考虑将其发展为全职员工）。

换言之，CISO 可以从兼职员工中找到高潜力人才，争取说服其成为全职员工。某企业的安全团队招聘了 5 名兼职员工，淘汰了 3 名之后，留下来的两名都是很优秀的人才，可以胜任 CISO 指派的绝大多数工作。

另外，兼职员工还可以为企业带来意想不到的资源。例如，很多兼职员工会接一些外包项目，并在此过程中与供应商接触，这些供应商对于 CISO 来说也许是非常重要的资源。

当企业的发展慢慢步入正轨、工作越来越多时，兼职员工可能就无法满足安全团队的需求，此时 CISO 便可以将招聘重点放在全职员工身上。全职员工应该是全能型人才，最好在某个领域具有极强的专业性。但更重要的是，他们要能够"撸起袖子加油干"，并与 CISO 一起承担相应的责任。

金牌全职员工往往有不俗的执行力和学习力。很多工作他们一开始也许不了解，也无法上手，这其实没有关系。只要他们愿意在执行和试错中不断学习和提升自己，尽快完成从 0 到 1 的积累，就一定可以成为 CISO 的好搭档。

在人才被视为软性竞争力的时代，很多 CISO 都觉得招聘是一件十分痛苦的事。其实无论是招聘全职员工还是兼职员工，CISO 都不要太过于追求完美主义，否则最后很可能会以失望告终。聪明的 CISO 不一定会招聘各方面素质都很不错的人才，但一定能保证对方可以将价值发挥到极致，使企业在人力资源上获得最高的投入产出比。

7.1.3 员工的专业知识

如今，CISO 越来越明显地感受到，现在的"首席"头衔承载着领导对自己更殷切的希望。为了让安全团队更好地立足，CISO 对手下的员工提出了更不容易达成的目标和更严格的条件，激励着他们不断进步。

从 CISO 的角度来看，安全团队的员工最必不可少的能力是什么？扎实的专业知识一定是必须的。未来，CISO 要指导员工打造一个全面、体系化的知识矩阵，帮助他们将这些知识应用到重要的工作上，使他们最大化地发挥价值。

在安全团队中，员工如何学习和储备知识？

掌握大量知识是员工做好工作的基础。上岗一段时间后，CISO 就可以发现，储备了很多知识的员工和知识欠缺的员工会出现越来越大的差距。前者甚至有成为高级别领导的潜力，而后者在招聘市场中的吸引力会逐渐降低。

为了巩固地位，员工必须有持续储备知识的意识和能力。这些积累下来的知识，包括软件开发、基础架构、工程学、运营学等，将成为他们在 CISO 面前维护形象和专业度的关键点，而且有利于领导对 CISO 的管理能力产生认可和信任。

在学习知识时，员工要有一定的技巧。例如，优秀的员工不会把学习重点放在某项技术为什么如此"酷炫"等问题上，而是会思考这项技术将对企业的安全产生哪些影响，以及如果不引进这项技术，依靠供应链或访问管理、移动应用程序等工具来解决问题，会有什么样的结果。另外，员工也要知道这项技术可能给企业带来的风险及其合规要求。

大多数 CISO 都希望手下的员工是一名"集大成者"，即了解计算机科学与技术、密码科学与技术、审计等方面的知识，同时又可以触类旁通，掌握跨学科、跨专业的知识。拥有这样的员工，安全团队的地位将大幅提升。

不断探索和学习，超越自我，对于员工来说是非常重要的优势。但单一的长板通常很难完全弥补其他方面的短板，所以员工最好打造"技术+业务分析能力+合规+管理"的综合优势，与 CISO 一起把企业的安全"城墙"筑得越来越高，推动安全团队发展得更好。

7.1.4 如何控制成本

现在"成本焦虑"这个概念在网上十分常见，很多 CISO 被长期笼罩在成本焦虑的情绪中。可以说，如果 CISO 不能与企业同频共振，那么很难判断他们做的是不是战略性安全管理。同样，提起安全团队建设，如果不谈控制成本等关键问题，那也无法认定团队的战略地位。

如何控制安全团队建设的成本？

关键点 1：紧缩内部编制，采取弹性化用工模式

"奥肯定律"揭示了经济增长率和失业率之间的关系：在经济形势不太乐观的情况下，实际 GDP 增长相对于潜在 GDP 增长下降 2%，实际失业率比自然失业率提升 1%。目前，全球都在面临经济和就业方面的双重考验，导致企业不能再采取以前经济高速发展阶段的"堆人头"型的粗放用工模式，而应该转型为经济稳定发展阶段的"挖人效"型的精益用工模式。鉴于此，企业可以紧缩内部编制，而与此同时，CISO 在招聘员工时也要更严格。

另外，用工弹性化的趋势越来越明显，兼职、派遣、外包等弹性用工模式得到了更广泛的应用。例如，在全球金融危机期间，日本的 GDP 增长为负数，但当时日本的劳务派遣和外包业务的营收增长了 20.48%。

关键点 2：合理安排培训投入

从企业的角度来看，培训所需场地和设备、讲师劳务费用、因为员工参加培训而损失的工时和其他收入等，都是企业在培训时必须投入的成本。而对于员工来说，参加培训可能会导致收入减少，同时也必须付出相应的时间和精力。

但企业可以通过培训提升自己在人才方面的竞争力，员工也可以通过培训掌握更丰富的知识和更专业的能力。现在很多 CISO 都鼓励员工进行 CISP（Certified Information Security Professional，注册信息安全专业人员）、CISSP（Certifiedn for Information System Security Professional，信息系统安全专业认证）等职业认证，并支持他们多参与安全相关培训。

企业适当加大培训投入，引进一些经验丰富、专业的讲师，帮助员工提升自己，更好地满足数字化时代的发展需求。从短期来看，这种做法的确会让成本提升，但从长期来看，能力越来越强的员工将为企业做出更大贡献，为企业创造更多收入。

关键点 3：保证薪酬和绩效可以最大化地发挥作用

现在有些安全团队存在资源过剩的问题，即员工的数量不少，但质量普遍不高，严重影响企业的整体效益，导致企业面临比较大的成本压力。企业要想将成本控制在一个合理的范围内，就必须保证薪酬和绩效可以最大化地发挥作用。

如果员工要求更高的薪酬，那 CISO 不应该立刻就去找 HRBP 商议把员工的薪酬提升到某个水平，因为这种做法并不符合经济性原则。CISO 可以通过为员工准备特别成就奖、项目奖、个人表现突出奖等激励员工，同时还要说明奖金是因为绩效优秀才发放的。而且 CISO 还可以根据安全团队的效益增长情况灵活地决定奖金数额，节省成本。

建设安全团队的成本不仅可以体现企业的经济水平，还可以体现 CISO 的管理与协调能力。但无论何时，成本都不可能达到最低点，只能无限接近合理。

7.2 安全团队架构与培训

根据企业的发展战略，以及市场环境和安全形势的变化，CISO 能以一种科学的方法对安全团队的架构进行规划，并制定适合安全团队的培训方案，从而达到人力资源供给和需求之间的平衡，推动员工不断提升能力，加速员工的进步与成长。

7.2.1 安全团队架构

组织架构相当于安全团队的"骨骼"，是为了实现企业的发展战略，在理论指导下形成的各部门、各小组、各员工之间的固定排列模式。一个合理的组织架构是安全团队走向现代化和规模化的重要标志。架构不合理，会影响安全团队的效率和企业的正常运营。

如何设计安全团队的组织架构？

CISO 可以通过研究卡内基梅隆大学等机构的相关研究报告，打造一个理想、有战斗力的安全团队，如图 7-1 所示。

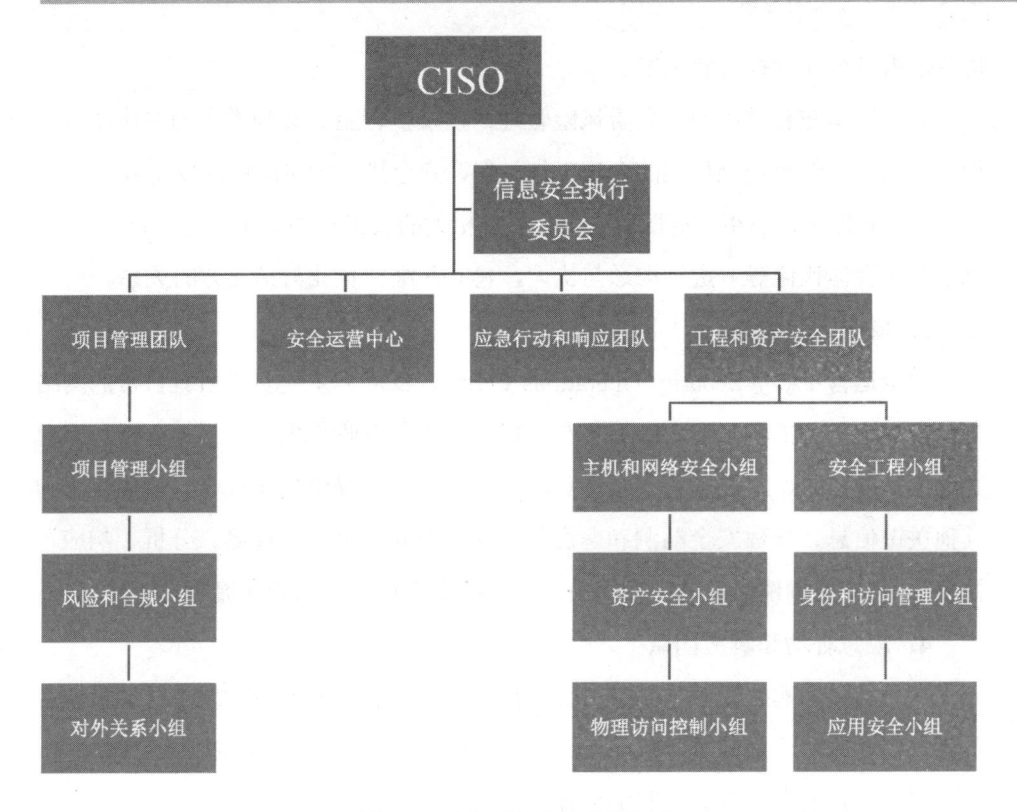

图 7-1　安全团队的组织架构图

1．信息安全执行委员会

信息安全执行委员会（Information Security Executive Council，ISEC）负责为 CISO 提供意见和建议，帮助 CISO 完成企业安全目标任务，保证安全方案得到落实，并及时履行合规义务。通常 ISEC 是由影响决策的一些关键人物组成的，如 CEO、CIO、CFO、HRBP、物理环境安全负责人、法律顾问、市场公关负责人、营销负责人、业务部门总监、工程总监等。

2．项目管理团队

项目管理团队包括 3 个小组。

（1）项目管理小组：负责制定并实施安全项目计划，监督与该计划相关的所有工作，包括开发项目、为项目配置合适的员工和各项资源、明确并维护实施项目所需的系统和设备、与项目相关方沟通、分析项目的成本消耗情况、向高层管理者汇报安全计划执行状态等。

（2）风险和合规小组：负责风险管理，以及执行企业必须遵守的法律法规、相关政策和其他与安全相关的合规工作，保证安全措施满足政府的安全要求。

（3）对外关系小组：负责和与安全项目相关的员工和外部第三方（如供应商、承包商、合作伙伴等）进行沟通与协调，建立并维护企业与第三方的关系。

3. 安全运营中心

安全运营中心（Security Operations Center，SOC）主要负责所有日常的网络与信息安全运营工作，向 CISO 报告。SOC 的工作有收集安全情报、分析和管理企业面临的威胁、定期进行安全态势感知、为决策者提供安全报告、监控日志和其他关键信息、管理安全漏洞和恶意代码、处理安全事件（检测、分析、响应、恢复）、与安全事件涉及的内部相关者和外部机构进行互动和交流等。

4. 应急行动和响应团队

应急行动和响应团队与 SOC 紧密合作，主要负责在安全事件发生时动员所有员工，启动应急计划并及时响应。通常该团队要和 SOC 一起完成以下工作。

（1）制定安全事件管理和响应计划。

（2）保证业务正常开展。

（3）规划 IT 层面的灾难恢复方案。

（4）对所有响应工作进行演练和优化。

（5）在安全事件发生后对其根本原因进行分析，如果有必要还应该进行法律法规方面的调查，并与监管机构沟通，积极配合对方的工作。

5. 工程和资产安全团队

工程和资产安全团队包括 6 个小组。

（1）安全工程小组：负责保证数据的机密性、完整性和可用性，开发和维护企业的安全架构，保证所有资产在企业的整个生命周期中充分满足安全要求。另外，他们也要在新系统和新设备正式投入使用前完成质量标准认证。

（2）身份和访问管理小组：负责定义和管理有访问权限的员工和其他资产的身份，并根据这些身份及其权限制定和实施访问控制方案。通常可以进行身份和访问管理的方法包括 Active Directory（活动目录）、密码、PIN（个人身份识别码）、数字签名、智能卡等。

（3）应用安全小组的工作主要有 3 项：开发和维护软件、应用系统等资产；管理软件、应用系统的参数配置；推动软件、应用系统的更新与升级。

（4）主机和网络安全小组主要负责以下工作：开发和维护网络（包括无线网络）、硬件、移动设备（如入侵防御和检测设备）；保护网络及其边界（如防火墙等）；管理网络、硬件、移动设备的参数配置；推动网络、硬件、移动设备的更新与升级等。

（5）资产安全小组主要负责以下工作：对企业的资产进行认定、优先排序和分类（通常是以资产的重要性和敏感性为基础的）；开发和维护资产等。

（6）其实很多时候，物理环境安全通常是由首席战略官（Chief Strategy Officer，CSO）负责的。换言之，这项工作并不在 CISO 的职责范围内。但这里之所以会在组织架构中加入物理访问控制小组，主要是为了让 CISO 与 CSO 紧密合作，保证基础设施和其他资产（如网络和主机）的安全。不过由于物理访问控制小组的职责有限，部分安全团队将其与其他小组，如身份和访问管理小组合并为一个小组。

合理的组织架构是安全团队顺利完成任务、实现目标的重要保障。在不确定性极强的数字化时代，它应该是动态变化的，即当企业的发展阶段、规模、战略发生变化时，它也要随之调整。例如，当企业拓展了新业务或引进了新技术，出现一些之前没有的工作时，CISO 就应该为新业务或新技术配置相应的团队，并为这些团队安排相应的员工和职责。

7.2.2 安全团队培训

对安全团队进行培训不仅可以帮助企业尽快达成目标，提升竞争力，还有利于通过多层次、多渠道的学习和锻炼提升员工的能力，激发员工的创新意识和积极性，从而实现人事和谐，营造浓厚的文化氛围，保证企业始终有蓬勃的生命力。

如何培训安全团队？

安全团队的培训可以分为三级：初级培训、中级培训、高级培训。其中，初级培训以工作水平比较低、经验少的新员工为主要群体；中级培训以工程师、安全分析师等有一定经验的员工为主要群体；高级培训主要面向经验丰富、专业性强的安全专家。

培训完成后，CISO 可以根据培训的成绩和知识掌握情况为不同员工设计相应的发展方向。例如，安全分析师、威胁响应人员、安全事件监测人员、安全集成人员等可以朝着安全事件响应和取证方向发展；评估人员、渗透测试人员、工程学人员、系统安全管理人员等可以朝着安全运维的方向发展；情报收集人员、威胁建模人员、漏洞分析人员、入侵攻击预防人员等可以朝着安全测试的方向发展。

培训时分级，培训后充分利用培训结果，有利于优化人岗配置，让员工在适合自己的职位上发光发亮。另外，CISO 也可以通过培训了解员工的个人定位，为员工拓宽职业发展通道，加速员工成长，同时为晋升体系设计、薪酬和绩效管理等环节提供依据。

7.3 绩效指标与激励措施

在安全团队中，绩效指标的作用是帮助 CISO 以科学的方法对员工的工作效果、为企业做出的贡献和价值进行考核。考核结果可以为 CISO 辅导员工指明方向，也可以为员工晋升提供依据。另外，与绩效指标同样重要的还有激励措施，这是调动员工在工作中的主动性、积极性、创造力的重要手段，也是 CISO 打造强战斗力安全团队的重要保障。

7.3.1 安全团队的绩效指标

在当下这个瞬息万变的时代，CISO 必须确保他们手下的安全团队可以跟上迅猛的数字化浪潮。他们要定期考核安全团队,通过科学、有效的方法对安全团队的工作进行评价,衡量安全团队为企业创造的价值。而要做好考核,关键在于选择合适的绩效指标。

考核安全团队的绩效指标有哪些?

1. 生存分析:安全事件的持续时间

分析安全事件在企业中持续的时间,以及安全事件的类型和严重程度,有助于减少风险和不确定性。通常安全事件持续的时间越长,企业遭受的损失可能就越大,所以 CISO 不妨将生存分析作为绩效指标,考核安全团队应对和处理安全事件的能力。

2. 燃尽率:已经消除的风险(在特定的时间范围内)与新增风险的比例

燃尽率可以反映安全团队消除风险的速度与风险增加的速度相比是快还是慢。例如,2023 年 3 月出现了 100 个新漏洞,而安全团队解决了其中 60 个漏洞,燃尽率是 60%。虽然燃尽率低于 100%意味着风险依然在增加,但如果 2023 年 2 月,企业的燃尽率是 40%,那 CISO 就可以知道安全团队在消除风险方面有了很大的进步。

燃尽率是一个非常重要的绩效指标,CISO 可以借助这个指标衡量安全团队消除风险的能力,并决定在未来一段时间内应该多关注哪个或哪些员工。

3. 到达率:风险出现的概率

燃尽率衡量的是安全团队消除风险的速度,到达率则体现了风险出现的概率。对于安全团队来说,预测未来会发生什么风险是非常困难的,但借助威胁情报和历史数据,他们可以绘制一个风险概率曲线,以显示风险在未来一段时间内发生的可能性。知道到达率非常重要,因为预测到风险即将来临意味着可以提前采取措施,CISO 可以精准地做出资源配置决策。

4. 逃逸率:衡量风险如何在企业中迁移

通过逃逸率,安全团队可以知道风险是如何在企业中迁移的。而且这个绩效指标还可以体现风险从安全控制严格的环节转移到安全性较低的环节的速度,如风险从设计环节转移到生产环节的速度。换言之，逃逸率其实就是风险"流窜"的速度。

现在，很多企业的软件开发团队都加快代码发布速度，导致逃逸率进一步提升。因此，CISO 有必要将逃逸率作为绩效指标，考核安全团队在防止风险"流窜"方面的能力。当然，如果企业的安全程序强大到可以在不降低代码发布速度的情况下降低逃逸率，那 CISO 也可以不考核这个绩效指标，但这种情况是非常少见的。

所有 CISO 都应该熟练应用上述绩效指标，根据这些指标考核安全团队。随着企业的发展和安全形势的变化，CISO 还可以适当增加一些新指标，如平均恢复时间、平均检测时间、渗透测试结果、漏洞管理、安全审计、网络流量分析、威胁情报反馈等。

7.3.2 差异化的激励措施

经济学家莱昂内尔·罗宾斯（Lionel Robbins）认为"人力价值=人力资本×工作热情×工作能力"。很多时候，由于员工的工作热情不足，企业投入的人力资本无法实现价值最大化，这可能成为企业最大的成本浪费。因此，现在企业都各出奇招，希望进一步提升员工的工作热情，其中比较有效的方法是采取差异化的激励措施。

如何让差异化的激励措施在企业中落地？

不同职业发展阶段和不同期望值的员工，需求是不同的，而且他们的需求通常处在动态变化中。因此，CISO 的激励措施必须因人而异，对待新一代的年轻员工更要如此。

1. 不同职业发展阶段的激励措施

为不同职业发展阶段的员工提供差异化的激励措施，可以进一步提升他们的工作热情，激励他们不断提升自身能力，如表 7-1 所示。

表 7-1 不同职业发展阶段的激励措施

职业发展阶段	员工关注重点	激励措施
初始阶段	学习和成长的机会 尝试各种不同工作 迅速适应环境	岗位轮换 更多表扬和肯定
成长阶段	专业能力的精深 必须迅速成长	专业培训 有挑战性和难度的工作指派 小幅度、高频率的绩效认可
成熟阶段	有吸引力的薪酬和福利 晋升机会 获得跨领域资源 照顾家庭的时间	较大的涨薪幅度 职级晋升 内外部交流机会 多领域培训 额外带薪休假
流出/保留阶段	长期留任或职业转换 学习跨领域知识 照顾家庭的时间	职业道路转换的机会 多领域培训 工作与生活平衡

根据激励理论，当创造绩效所获得的回报可以很好地满足员工的需求时，员工的工作热情就能达到最大值，能力也会不断提升。处于不同职业发展阶段的员工，往往有各种各样的人生追求，通过综合应用日常的表扬和肯定，以及物质激励和非物质激励等方法，员工可以获得心理满足感。在工作中，CISO 要给予员工支持和认同，帮助员工消除困惑和疑虑，让员工更快、更好地充实自己，时刻保持信心和对工作的积极性。

2．不同期望值的激励措施

随着时代的发展，员工的经济条件、工作动机、行为特征等都呈现多元化的趋势。基于这种趋势，不同员工在当下薪酬要求和未来分配（包括分红权和股权激励等）期望方面有了越来越大的区别。CISO 可以围绕当下薪酬要求和未来分配期望两个维度将员工分类（如图 7-2 所示），并有针对性地为不同员工设计个性化的激励措施。

（1）工兵型员工的激励措施

工兵型员工不会对领导提出很多要求，领导对他们的工作也比较认可，但他们的能力和进取心不足。CISO 应该让他们参与安全知识与工作态度培训，并在培训过程中激发他们的上进心。因为他们的忠诚度很高，所以 CISO 可以适当给予他们更多权力，定期与他们交流工作。CISO 也要关注他们的生活和家庭情况，以及个人情绪和心理健康。

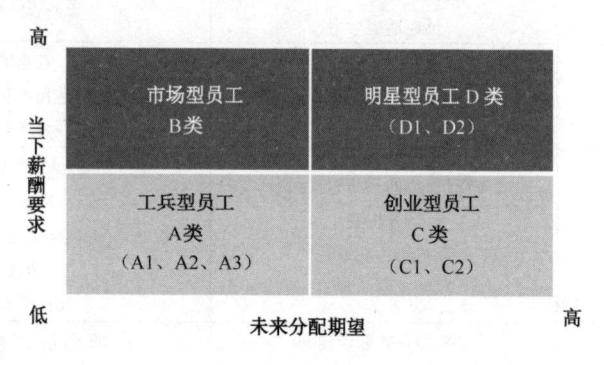

当下薪酬要求 高	市场型员工 B类	明星型员工 D 类 （D1、D2）
低	工兵型员工 A类 （A1、A2、A3）	创业型员工 C类 （C1、C2）
	未来分配期望	高

图 7-2　员工分类

工兵型员工还可以进一步细化为 A1（能力强）、A2（能力比较强）、A3（能力差）三个子类，CISO 可以据此对他们进行有针对性的激励。例如，为 A1 类员工提供奖金、红包等物质激励；要求 A2 类员工在工作中学习更多知识，积累更多经验，使自己的能力进一步提升；给 A3 类员工提供参与"安全工作俱乐部"或"安全形势交流会"等活动的机会。

（2）市场型员工的激励措施

市场型员工重视当下薪酬，CISO 应该根据他们的市场价值，为他们提供有竞争力的薪酬。同时，CISO 也要帮助他们制定职业生涯规划，让他们以与他们的从业经历比较相似的"示范人物"作为榜样，激励他们提升能力和市场价值。

另外，因为市场型员工对短期回报的积极性非常高，所以 CISO 也可以在他们的本职工作以外，为他们安排一些可以提升收入的任务。如果他们可以将压力转变成工作动力，不仅能增加短期回报，加速个人成长，还有利于为企业创造更多效益。

（3）创业型员工的激励措施

创业型员工的业务水平比较高，对自己很有信心，但可能尚未得到领导和同事的普遍认可，属于安全团队中的"黑马"和"潜力股"。CISO 应该肯定他们的奉献精神和职业发展前景，并为他们制定分红或股权激励计划，以便更好地满足他们的成就感。

在业务多元化的企业中，CISO可以让创业型员工负责新业务的安全工作，如果有必要还可以为他们单独成立新小组。如果企业没有新业务，那CISO可以让他们兼职或轮岗，培养他们的复合型能力，有利于后期他们自主带队。

（4）明星型员工的激励措施

明星型员工往往能力强、拥有丰富的资源，已经在安全领域取得了一定的成绩。他们高薪酬和高职位，还应享受股权激励。同时，CISO可以让他们做新员工的导师，给他们带徒弟的机会，并邀请他们在企业中或社交媒体上分享个人成功经验，满足他们的精神需求。

总之，科学、合理、与员工需求匹配的激励措施能够提升员工的工作热情和积极性，通常具备3个特征：整合性、全员性、持续性。

（1）整合性，即激励措施与企业的战略保持一致，而且能激发员工创造高绩效的欲望和信心，引导员工为企业发展做出努力和贡献。

（2）全员性，即激励措施要以不同员工的差异化需求为基础，让他们时刻充满工作动力，而不能只针对个别人。

（3）持续性，即激励措施必须长期执行，在组织内部持续发挥作用，而不是短期的"强心针"。这样员工的工作水平才可以保持稳定。

最后必须注意的是，激励措施不能一成不变。正所谓"此一时彼一时"，激励措施可能对此人有效，对他人无效，在本地有效，在异地就变得无效。因此，定期/不定期评估激励措施的效果和执行情况，并据此对其进行调整和优化是很有必要的。

第8章

解决方案：数字化安全场景分析

> 数字化时代，场景更加复杂，如网络安全、App 安全、云服务安全、互联网金融安全等。这些安全场景背后隐藏着更严峻、更复杂的安全挑战，CISO 必须妥善应对，为企业提供真正有价值的解决方案。

8.1 抵御常见网络攻击

网络攻击（Cyber Attacks，也称赛博攻击）是对计算机、智能设备、软件等基础设施发起的任何类型的入侵动作。相关资料显示，近几年，网络攻击的发起者已经从个体型黑客发展成为有规模、有组织的大型团队，其攻击的范围也越来越广泛。为了保护企业的安全，CISO 要学习相关知识，掌握抵御网络攻击的方法和技巧。

8.1.1 网络攻击实例

Armorblox 是一家知名网络安全公司，它曾发现针对运通公司客户的网络钓鱼活动。为了诱导持卡客户打开钓鱼邮件，不法分子将邮件的主题设置为"关于您账户的重要通知"。客户打开邮件后，该邮件显示是来自运通公司的合法电子邮件，而内容是传授持卡客户查看安全加密消息的方法。看到这样的内容，很多持卡客户都想尝试一下。

除了安全加密消息，不法分子还会通过邮件向持卡客户宣布针对关联账户的额外验证要求，内容包括"这是您在我们暂停前确认它的最后机会"，同时还会提示持卡客户完成作为全球更新的一部分所需的额外验证会受到运通公司的保护。这样的内容向持卡客户传递了紧迫感和压力，会促使他们主动进行额外验证。

但持卡用户一旦点击了邮件中的额外验证链接，就会进入虚假的运通公司登录页面。这个页面做得非常逼真，不仅有运通公司的徽标，还有下载运通公司 App 的链接。然后这个页面会要求持卡客户输入他们的 ID 和密码进行登录，窃取客户的重要数据。

为了完成钓鱼攻击，不法分子做了严密的部署，即通过 DKIM（域名密钥识别邮件标准）和 SPF（发件人策略框架）巧妙地避开了运通公司的邮件安全控制。目前他们已经将有害的邮件发送到上万个持卡客户的电脑上，其中很大一部分客户的隐私已经被泄露了。

数字化时代的世界已经变成一个"地球村"，窃听、黑客似乎无处不在，以网络钓鱼为代表的网络攻击也越来越频繁。CISO 作为安全保护责任人，要保护企业的网络安全，定期进行网络安全排查，时刻警惕风险，感知网络安全态势。

8.1.2 如何防范基础网络攻击

近几年，随着云计算、大数据、物联网等技术的发展，安全环境发生了很大变化，网络攻击也从过去不法分子炫技的个人行为，逐渐发展成为有组织的犯罪行为，并呈现出手段专业化、目的商业化、载体移动化等趋势。这给 CISO 带来前所未有的挑战。

CISO 应该如何防范越来越高级的网络攻击？

1. 制定网络钓鱼防范计划

无线通信公司 Verizon 在其报告中明确指出，网络钓鱼是网络攻击常用的手段，大约占网络攻击事件的 36%。在这种情况下，CISO 必须优先打造反网络钓鱼程序，并定期组织员工进行网络钓鱼方面的培训，争取让员工能及时识别危险信号，报告可疑消息。另外，CISO 还要告诫员工不要点击来源不明的链接，也不要打开钓鱼邮件中的文件。

2. 重新审视漏洞情况

如今，相较于新漏洞，与旧漏洞相关的网络攻击更常见。因为很多 CISO 没有将修复旧漏洞作为优先事项，而旧漏洞如果不能被及时修复，那不法分子就可以连续数年对旧漏洞进行入侵和破坏。为了解决此问题，CISO 可以进行漏洞管理和漏洞扫描，然后根据企业的实际情况对漏洞的严重性和修复优先级进行排序。

3. 加强 IT 资产管理

网络攻击总是发生得猝不及防，往往会对企业的 IT 资产造成重大打击。为了避免 IT 资产出现问题，CISO 平时应该养成将 IT 资产进行备份的习惯，并进行异地备份。另外，CISO 还应该对 IT 资产进行定期检测，及时发现并高效解决问题，以绝后患。IT 资产检测方法有很多，如渗透测试、代码审计等，CISO 可以根据自己的需求和预算进行选择。

4. 针对网络攻击进行演习

几乎没有 CISO 能精准地预料网络攻击什么时候发生，但如果他们组织员工对网络攻击可能出现的情况提前进行演习，那当网络攻击真正来临时，整个企业都可以妥善、冷静地应对。当然，做好这件事的前提是要有完善的网络攻击应对方案。

5. 引进安全工具

夯实基础有利于抵御大多数网络攻击。这里所说的"基础"有一个重要组成部分——安全工具。例如，360 集团推出了安全大脑——APT 攻击（高级持续性威胁攻击）迅速排查与处置急救箱，可以帮助 CISO 对 APT 攻击进行迅速排查与处置。有了该安全工具的支持，CISO 可以具备很强的感知能力，并在网络攻击对企业造成破坏前及时斩断"杀伤链"，真正做到及时识别风险、看见威胁、抵御网络攻击。

在互联网的世界中，如果企业想在无休止的网络攻击"战争"中幸存下来，那 CISO 就要掌握防范网络攻击的方法，同时培养部署安全控制措施的能力。

8.2　App 遭受攻击

绝大多数 App 都是盈利性质的，所以不法分子为了获得更多收入，会选择对 App 发起攻击。例如，有些黑客会非法收集 App 中的重要数据，包括用户的手机号码、姓名、登录密码等。很多 App 的充值通道、支付接口都被黑客攻击过，导致 App 运营者和用户受到严重影响。如果安全问题没有得到妥善解决，那整个 App 行业的风气和氛围都会被破坏。

8.2.1　某 App 遭受攻击示例

2022 年 9 月，网约车 App（Yandex Taxi）被不法分子入侵。不法分子在 Yandex Taxi 上同时召唤数十辆出租车，并让这些出租车前往库佐夫斯基·布罗斯佩基的某个地方。该事件导致莫斯科市中心出现了非常严重的交通拥堵现象，而且拥堵持续了近一个小时，对当地居民造成了很大影响。不过好在 Yandex Taxi 的安全服务人员及时识别并制止了人为导致拥堵的企图，而且及时改进了检测和预防 App 攻击的算法，防止未来再发生类似事件。

《速度与激情》的影迷对上述事件可能比较熟悉。因为在《速度与激情 8》中，查理兹·塞隆（Charlize Theron）饰演的角色 Cipher 在纽约策划了一场交通拥堵。在电影中，Cipher 接管了汽车本身，对汽车进行远程操控，包括那些停在路边的已经熄火的汽车。虽然 Cipher 与入侵 Yandex Taxi 的不法分子在做法上有很大不同，但结果几乎如出一辙，都是引发了严重的交通拥堵。

2022 年 3 月，便有黑客入侵了 Yandex Taxi 的总公司 Yandex，他们窃取了超过 15 万条与 Yandex 用户有关的历史记录和信息；2022 年 4 月，又有另一波黑客入侵了 Yandex，他们替换了导航 App 中的语音指令，导致很多司机无法及时到达目的地。

如今，黑客攻击 App 的事件越来越多，无论企业处在什么发展阶段，这种攻击都很可能是致命的。因此，包括 CISO 在内的所有员工都要有安全意识，应该在开发 App 前就考虑到 App 被攻击的风险，并事先做好应急准备工作。

8.2.2　App 的应用安全解决方案

移动互联网的发展和普及使 App 的应用率得以大幅增长，但随之而来的是攻击风险也进一步被提升。Gartner 的一项研究显示，大约 75%的 App 无法通过基本的安全测试，因为开发这些 App 的企业认为攻击不太可能发生在自己身上。

然而，针对绝大多数 App，黑客已经总结出方便、有效的攻击方法与脚本。所以通过应用安全解决方案保护这些 App 的安全已经成为 CISO 必须重视的一项迫在眉睫的任务。

CISO 要如何为 App 制定应用安全解决方案？

在了解如何制定应用安全解决方案前，CISO 有必要了解几个常见的 App 安全威胁。

（1）来自 PC 端的安全威胁。现在很多 App 允许用户通过 PC 端下载，然后再传到手机、iPad 等移动设备上。这样比较容易引发跨设备的安全威胁。

（2）来自物联网设备的安全威胁。在万物互联的时代，物联网的作用是收集数据，并通过这些数据为用户提供更好的体验。物联网设备往往是通过安卓系统上的 App 进行控制和操作的，甚至有些物联网设备自带安卓系统。但安卓系统一旦出现安全漏洞，就会给 App 和物联网设备带来难以控制的风险。

（3）几乎所有 App 都处在被木马病毒、间谍软件等入侵的风险中，黑客可以很轻松地窃取 App 上的数据和信息。

（4）不法分子可以破解 App，随意访问用户的社交媒体、邮件账户等。

（5）安卓系统具备开源性，黑客可以利用这一特征分析 App，再借助相应的工具篡改信息并伪造身份。这样他们就可以影响 App 的身份认证环节，达到"薅羊毛"等目的。

了解了 App 安全威胁，接下来就可以为 App 制定应用安全解决方案。

关键点1：静/动态保护

在App开发阶段，CISO要引导开发人员使用安全性高的编译脚本与编译选项，并混淆代码，让不法分子无法了解App的核心逻辑。CISO还要对代码进行安全审计，因为不法分子通常会通过审计逆向伪代码发现App的漏洞并控制、访问App，从而获取敏感信息。

此外，为了避免App被动态调试，最好在App上加入防调试机制。CISO要定期对App进行测试，确保其外部接口不会被不法分子入侵。如果测试经验不那么丰富，CISO不妨寻求第三方测试机构的帮助，让它们对App进行测试。

关键点2：提升身份认证算法的强度

身份认证能够保护用户登录App时的安全，确保App的接口只能满足访问和使用重要功能的需求。CISO要将身份认证相关事宜全部转移到线上，而且不能让算法逻辑出现在本地。另外，提升身份认证算法的强度，增加身份认证因子也是比较不错的方法。

关键点3：保护服务器/后端的安全

要保护App的安全，首先要保护服务器的安全，不让未经授权的用户随意访问服务器，以避免机密数据被窃取。CISO要定期测试服务器的所有接口，通过对后端进行容器化部署保护敏感信息。此外，通信过程要使用TLS（传输层安全性协议）、VPN和SSL（安全套接层，属于数字证书的一种）等方法进行加密，以防止第三方中间人发起攻击。

关键点4：打造威胁情报平台

现在App越来越多，安全威胁的种类也在不断增加，CISO很难精准地预测所有威胁。为了解决这一问题，CISO可以打造威胁情报平台。该平台可以对比较敏感的信息和未知的事件进行分析，然后自动上报给相应的负责人。如果App出现任何安全方面的漏洞，威胁情报平台可以在第一时间发出警报，通知负责人处理问题。

很多企业非常重视App安全问题，CISO作为安全负责人，应该从基础工作做起，关注App在开发阶段存在的隐患，采取必要措施来避免App遭受攻击，并提前预测和发现未知问题，进一步增强自己的应急响应能力。

8.3 网络勒索处置

随着数字化时代的到来，数据逐渐成为企业的一项重要资产，帮助企业提升了生产效率。但"水能载舟，亦能覆舟"，随着数据量快速增长，数据安全问题日益严峻。其中比较关键的问题就是如何解决网络勒索事件，避免企业遭受经济损失。

8.3.1 勒索软件的传播

目前已知的最早的勒索软件出现于 1989 年，是哈佛大学毕业生约瑟夫·波普（Joseph Popp）编写的。该勒索软件能把电脑中 C 盘的文件名加密，从而导致系统无法正常启动。届时很多用户的电脑屏幕上会显示这样的信息：您的软件许可已经过期，除非向 PC Cyborg 公司位于巴拿马的邮箱邮寄 189 美元，否则系统将被永久封锁。

此后，越来越多勒索软件开始出现，对很多企业造成了严重影响。例如，计算机制造商宏碁（Acer）曾经被名为 Revil 的勒索软件团伙攻击，并被要求支付 5 000 万美元赎金；知名输油管道集团 Colonial Pipeline 被名为 Darkside 的勒索软件团伙攻击，导致很多业务停止运营；我国一家大型地产集团被勒索软件攻击，不法分子窃取并加密了该集团的大量数据。

勒索软件在全球范围内肆虐，传播速度越来越快，CISO 必须为此做好准备。

勒索软件是如何传播的？

（1）不法分子通过垃圾邮件、钓鱼邮件等入侵系统，借助新闻热点、与用户相关的内容、优惠与促销信息等诱导用户打开包含勒索软件的附件，或点击邮件中的不良链接。在完成此类操作后，勒索软件就会被下载到系统中并自动运行。

（2）有些不法分子会通过计算机上或黑色产业链中的漏洞传播勒索软件。同时，他们还会扫描同一网络中存在漏洞的其他设备并发起攻击，以进一步扩大勒索软件的传播范围。

（3）现在部分服务器使用弱口令（复杂度比较低的密码）完成登录工作，不法分子可能会利用这一点对系统进行暴力破解，并将勒索软件下载到系统中。弱口令攻击有非常强的隐蔽性和机动性，大多数 CISO 都很难发现它。

（4）不法分子会向网页代理投放弹窗广告或悬浮窗广告，并在广告中植入不良链接，诱导用户点击链接，触发恶意代码，进而下载并运行勒索软件。还有些不法分子会自己建立一个包含恶意代码的网站或与知名网站相似度极高的"假网站"，以诱导用户访问。

（5）软件供应商与用户之间通常建立深厚的信任关系，不法分子会利用这一点在软件传播、安装、升级的过程中，入侵软件供应商的漏洞，对软件进行劫持或篡改。这样不法分子就可以避开安全检查，达到攻击软件的目的。

（6）U 盘、移动硬盘等移动设备避开介质中的文件很容易被隐藏，不法分子会创建与移动存储介质的盘符、图标等相同的快捷方式，并在其中植入病毒。只要用户使用了有病毒的移动存储介质，勒索软件就会自动下载。另外，不法分子还会运行可以收集和回传重要信息的木马程序，从而实施更具针对性和危害性的勒索攻击软件。

（7）为了让用户上当，不法分子会在用户的上网必经之路上设置"水坑"（陷阱）。例如，不法分子会总结用户的上网规律，分析用户经常访问的网站有没有漏洞。他们会先攻破有漏洞的网站，然后在其中植入恶意代码，用户访问该网站就会"中招"。

以上是几种常见的勒索软件传播模式。未来，越来越多的传播模式势必会不断涌现，CISO 将面临更严峻的挑战。因此，CISO 必须掌握更先进、更严谨的安全保护手段，打赢激烈的网络安全攻防战。

8.3.2 企业"中毒"了如何恢复

2023年，勒索软件发展势头迅猛，从半导体厂商，到社交媒体巨头，再到政府组织，都没有逃过勒索软件的攻击。在我国很多企业的安全措施与数字化转型战略并不同步，导致我国逐渐成为勒索软件攻击的"重灾区"。而且随着云时代的到来，IT环境越来越复杂，为勒索软件的发展提供了契机。一次没有防备的勒索软件攻击就可以导致大规模宕机，对企业的业务和声誉造成不可逆转的损失。

那么，假设企业真的"中毒"了，CISO应该如何让企业恢复"健康"？

1．根据应急方案明确恢复工作优先级

为了应对勒索软件攻击，CISO要有一份干净的数据副本，以便尽快恢复数据，让受到影响的业务重新上线。CISO还应该与其他管理者合作，各方就恢复工作优先级达成一致意见。与此同时，CISO也要让职能部门了解恢复工作的时间表，并保证不会出现任何意外。

2．做好取证工作，与利益相关者合作

CISO要及时对勒索软件攻击进行取证，以发现更多细节，包括哪些数据被破坏了、数据泄露时是否启用了数据加密措施、备份数据的状态如何、威胁发生时哪些人有数据访问权限、他们的权限能否被限制或取消、他们的联系方式是否公开等。在取证时，CISO应该与执法机构、保险机构等利益相关者合作，这一点非常重要。

3．及时恢复离线沙盒环境，删除勒索软件

CISO应该及时恢复离线沙盒环境，引进分层安全架构，制定"数据掩体"方案，以帮助企业保留更多数据。当数据开始恢复时，CISO要检查网络分段情况，这样可以保证某台服务器或某个系统上的漏洞不会导致其他服务器或系统出现同样的漏洞。

4．与职能部门密切沟通，使其随时了解恢复工作的进展

CISO要制定一个完善的恢复计划，让受到勒索软件影响的职能部门都能了解恢复工作的进展。当出现勒索软件攻击时，CISO 不能做误导性陈述，而应该针对职能部门提出的问题给出清晰、明了的回答。这样可以减少职能部门的担忧和沮丧，节省恢复工作所需的时间和费用。除了恢复工作的进展，CISO 最好不要公开可能使企业面临更大风险的信息。

5．对服务提供商进行调查

CISO 要及时了解勒索软件攻击是否波及服务提供商，检查它们可以访问企业的哪些数据，并考虑是否更改它们的访问权限。在此过程中，CISO 要帮助服务提供商采取必要措施，以避免再次出现勒索软件攻击。如果服务提供商表示自己已经修复了漏洞，CISO 则必须在第一时间进行验证。

8.4 云服务风险处置

近几年，以数据删除事件为代表的云服务风险频繁发生。例如，有些员工因为不甘心领导对其不重视，便自己或聘请他人在组织内部制造数据安全问题，导致企业的数据被破坏，严重影响了企业的声誉和形象。为了解决此问题，CISO 必须帮助企业保护数据安全，将不法分子"揪"出来，让他们无处遁形。

8.4.1 数据删除事件实例

2018 年，顺丰的一位运维开发高级工程师因为操作失误，将生产数据库中的数据全部删除，导致某项服务中断了 590 分钟。经过顺丰的严谨调查，该工程师被开除并被通报批评。

2020 年 2 月，在微盟工作多年的运维工程师贺某删除了大量数据，甚至连备份数据也没能幸免。此举直接导致微盟的业务崩溃，很多商家的微盟小程序长达 8 天，生意基本停摆。事件发生后，微盟的市值暴跌 21.5 亿元，再加上赔偿给商家的 1.5 亿元，损失共计 23 亿元。而贺某则因犯破坏计算机信息系统罪被判处有期徒刑 6 年。

2020年8月至9月，百度的员工金某因为不愿意让其他员工接手自己参与的项目，通过不正当手段对数据库中的数据进行锁定、清空等操作，严重影响了百度的形象和声誉，使百度遭受了数万元的经济损失。最终法院认定了金某的破坏计算机信息系统罪，并对其做出了有期徒刑9个月，缓刑1年的处罚。

2021年1月，一位对工作调整有意见的员工为了报复链家，登录链家的财务系统，删除了大量极具价值的财务数据及相关App，导致财务系统无法正常登录。

上述种种数据删除事件，暴露了存在于组织内部的数据保护不到位的问题。CISO在进行数据管理时，应该按照相关法律法规的要求对数据进行分级保护，并不断加大成本投入。但很多时候，数据保护并不能直接产生效益，所以很多企业，尤其是处于成长阶段的企业不太重视此类工作，数据保护制度往往流于形式。这就要求CISO改善数据保护现状，助力领导和员工培养数据保护意识，从而提升企业的竞争力和管理能力。

8.4.2 如何保护数据安全

在数据删除事件中，企业是最大的受害者，企业遭受的财产损失少则几万元，多则数十亿元，给其声誉和形象带来的损失更是无法估量。为了降低损失，CISO有义务也有责任保护企业的数据安全。

CISO应该如何保护数据安全？

在保护数据安全时，CISO应该做到数据环境安全与数据资产安全两手抓（如图8-1所示）。这样才能更好地应对各类数据删除手段，把数据安全主动权掌握在企业自己手里。

关键点1：数据环境安全

如果数据环境不稳定，那位于下层的数据安全技术就只能是镜花水月，不堪一击。因此，CISO要改变思路，一定不能坐以待毙。

第一，CISO可以使用可信计算、机器学习、行为分析等技术，对系统进行全面监控。

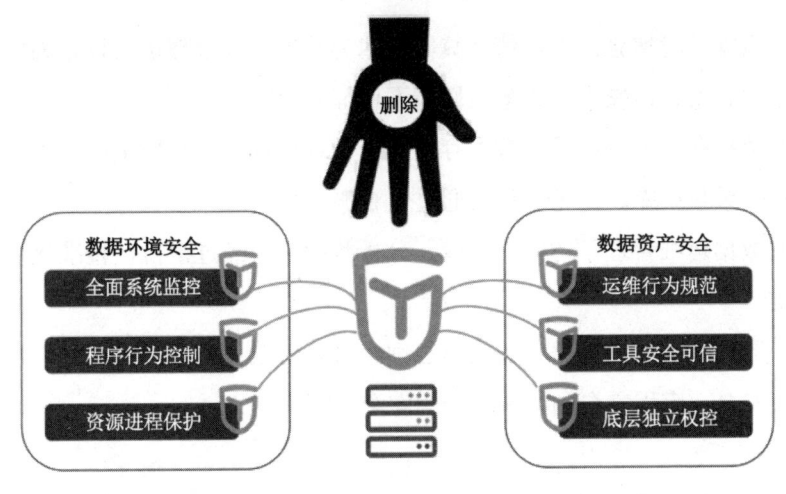

图 8-1　数据环境安全与数据资产安全两手抓

第二，CISO 应该借助程序行为控制保证所有访问操作都是合规、合法的。

第三，通过资源进程保护等方法，CISO 可以提升数据保护工作的合规性和完整性，从而有效避免不法分子直接将数据进行格式化处理。

关键点 2：数据资产安全

对数据资产进行修改和删除的破坏行为，CISO 也不可以忽视。

第一，CISO 要管理好运维行为，做到事事有审批、事事有计划。这样有利于防止企业出现运维事故，也能避免数据被破坏。

第二，CISO 应该明确哪些人对数据有访问权限并对其进行严格管理，以防止出现权限内的数据被破坏。如果是一些比较复杂的场景，那 CISO 应该采取统一且可信程度比较高的数据防控手段，以保证数据的全链条安全，如表 8-1 所示。

表 8-1　数据防控手段

破坏途径 防控手段	勒索病毒攻击	破坏文件	通过 DBMS 删除数据	通过 SQL 删除数据
数据环境增强	√	√		
数据存储加密		√	√	
数据运维管理				√
数据玻璃房			√	√
防控效果	解决	组合解决	组合解决	解决

（1）数据环境增强：以可信计算等技术为基础，以管理访问权限为核心，降低出现数据勒索、误操作、有意破坏等不良行为的风险。

（2）数据存储加密：通过数据存储加密管理数据库，这样不法分子即使通过本地方式登录数据库，也无法直接通过命令删除数据。

（3）数据运维管理：访问、获取、分析数据必须经过审批，精准化数据管理成为现实。

（4）数据玻璃房：数据相关工作必须经过可信工具的分析和审批，目的是实现从源头安全、流程安全到结果安全的安全闭环。

8.5 保护重大活动安全

为了让重大活动顺利召开并完美落幕，防范和解决各类安全隐患至关重要，而网络安全保护工作更是重中之重。本节就来介绍重大活动的网络安全保护工作应该如何落实。

8.5.1 保护世博会网络的可用性

世界博览会（以下简称"世博会"）是举世瞩目的大型国际活动，从开始到结束，整个活动必须平稳、有序地进行，各类场馆的服务也要到位。尤其是参与者十分关注的网络问题，更应该得到妥善解决。在网络问题方面，电子围栏、无线通信、智能化神经监控等一系列技术已经在世博会上发挥了重要作用，帮助世博会节省了大量安保警力资源。

为了更好地保护世博会的网络安全，除了上述技术，一支专业、训练有素的安全团队也是必不可少的。他们要负责管理、协调各类突发事件，为世博会提供高效、优质的网络安全保护服务，同时还要确保世博会的网络畅通无阻。

有些能力强的团队会积极探索新型网络保护手段，如加强网络规范化建设、引进网络运维与分析工具、开发标准化网络管理软件等，以更好地支持世博会的各项工作。某团队曾在世博会期间打造了网络安全监控系统，对网络情况进行

7×24 小时监控。该系统由 4 个部分组成：数据收集子系统、监控子系统、应急响应子系统、专家团队子系统。

（1）数据收集子系统的作用主要是收集与网络相关的日志数据，并将已经处理过的数据以加密的方式发送到总系统上进行深入分析。

（2）监控子系统通常部署在世博会的中心机房，主要负责对收集到的数据进行智能监控，并将其识别到的高危网络安全事件通知给应急响应子系统。

（3）应急响应子系统会自动生成安全报告，并在高危网络安全事件发生时向相关人员发出预警，为他们提供专家级的安全解决方案。

（4）专家团队子系统由网络安全专家、网络安全运维人员、网络安全分析人员、现场服务人员等组成。他们的主要工作是对网络安全事件进行追踪与分析，帮助世博会的工作人员识别容易对网络安全产生威胁的所有风险。

世博会的网络问题越来越被重视，之前那种被动型管理与服务模式已经不再适用。为了更迅速、全面、细致地掌握网络安全情况，及时识别并处理高危网络安全事件，世博会必须引进先进的理念和技术，由被动响应转型为主动服务。这样能让很多风险都无处遁形，网络安全保护工作也可以有的放矢地进行，从而使世博会安全、顺利地召开。

8.5.2　重大活动的网络安全保护

2016 年，就在"脱欧"投票登记截止的最后一天，50 多万英国市民无法在投票系统中完成登记。为此，英国政府决定将登记时间延长两天。即使如此，最后还是有很多市民登记失败。经过一系列调查，英国政府认为，投票系统可能被不法分子攻击。

现在像"脱欧"投票登记这样的重大活动频繁发生，此类活动必须有配套的网络安全保护方案，否则会对市民甚至整个国家造成很大影响。

应该如何保护重大活动的网络安全？

（1）加大资金投入。重大活动的网络安全保护成本通常比较高，包括加固重要信息系统的成本、部署先进网络安全系统的成本、购买相关服务的成本、组织网络安全培训的成本等。例如，美国政府曾经在总统选举期间向各州拨款大约 4 亿美元，以帮助各州加强投票系统的网络安全，保证投票结果不会被删除或被篡改。

（2）及时上报攻击事件。重要领导、基础设施运维主管等重大活动的影响者和安全保障者要及时上报攻击事件，以便技术部门可以及时介入，对攻击事件进行处理、止损、溯源等操作，把损失降到最低。

（3）引进现代化理念和技术。现代化的理念、技术，以及新型产品和服务，可以极大地提升重大活动的网络安全保护水平。例如，美国各州的竞选办公室在竞选活动召开前对网络安全系统进行集中升级，引进先进的产品和服务，如 Cylance 的反病毒产品、Cloudflare 的防 DDoS 攻击服务、Centrify 的身份管理服务等。

（4）将一些比较重要的账号和设备纳入网络安全保护范围。一是将与重大活动相关的手机、iPad、电脑等设备纳入网络安全保护范围，并开发具有特殊保护功能的定制化电子产品，提供给核心工作人员使用；二是将核心工作人员的电子邮箱、微博、微信等账号纳入监测与管理范围，以保护这些账号的安全，防止出现安全漏洞。

为了让重大活动顺利完成，主办方还可以邀请网络安全专家，让他们指导工作人员在信息系统上进行网络安全演习。这样可以及时发现信息系统的安全漏洞，有针对性地制定安全漏洞应急方案，推动防御体系的升级和迭代，从而帮助主办方提升解决网络安全问题的能力。

8.6 互联网金融欺诈

互联网的发展让人们的生活越来越便捷，并催生了很多新事物，如互联网金融。但与此同时，一些不法分子利用互联网金融的漏洞进行违法犯罪活动。例如，他们会以非法占有为目的，通过互联网金融平台盗窃用户的资金。此类事件会让用户遭受经济损失，也会让用户对平台失去信任，从而影响平台的长久发展。

8.6.1 一次匪夷所思的网络盗窃

天兑是一家比较知名的理财公司，总部设在上海，每月月初，其财务人员会进行月度盘账。在一次盘账时，财务人员发现 5 000 多万元的亏空。后来经过紧急调查，内部原因被排除。也就是说，5 000 多万元被来自外部的不法分子神不知鬼不觉地划走了。事件发生后，所有员工都感到十分震惊，公司立刻报警。

经过警方 10 多天的侦查，核心嫌疑人黎某被抓捕归案。黎某是网络高手，曾经在某网络机构的一家下属单位担任技术总监。他十分擅长网站漏洞识别与检测，在原同事眼中，他被视为"大师级"的存在。但殊不知，他已经在黑客的道路上越走越远。

为了完成网络盗窃行为，黎某对天兑进行了很长时间的"嗅探"和窃听。他敏锐地发现，天兑的理财平台的充值系统存在漏洞，而且漏洞非常容易被利用。他还发现，如果改变一级账户的充值数额，那与一级账户绑定的二级账户（银行卡）也会随之改变。这意味着，他可以随时随地提现。

有了初步的计划后，黎某盗窃了山西某大学一名员工的电子账号及密码，并将该账号作为攻击天兑的公共服务器。该账号相当于黎某的"假面具"，他可以戴着这个"假面具"大摇大摆地从天兑的理财平台上肆意"搬钱"。

越来越膨胀的欲望让黎某在 20 多天的时间里疯狂作案，他多次故技重演，用 200 多元的成本在天兑的理财平台上改变了 400 多笔下单金额，盗窃了 5 000 多万元。就这样，理财平台的巨额钱款被黎某悄无声息地偷走了。等到盘账时，财务人员就只看到黎某留下的一些异样字符，而无法知道钱被转移到了哪里。

针对黎某的违法行为，法院做出一审判决：黎某以秘密手段盗窃天兑的巨额资金，其行为已经构成盗窃罪，按照相关法律法规判处其无期徒刑，剥夺政治权利终身，并没收个人全部财产。另外，司法机关将继续追赃，尽力帮助天兑挽回更多损失。

在上述盗窃事件中，黎某虽然受到了严厉的法律制裁，但天兑的经济、声誉、形象、未来发展都受到了很大影响。所以对于 CISO 来说，防止企业出现类似盗窃事件非常重要。

8.6.2 金融与互联网如何完美融合

经过多年的发展，互联网金融已经成为一个令人瞩目的行业。当然，互联网金融背后的风险也随之累积，引起社会各界的广泛关注。从本质上看，互联网金融的核心是金融，而金融的核心问题就是安全。

根据以往的实践经验，互联网金融有风险的主要原因在于"人"。所以，互联网金融机构应该进一步提升员工的专业水平和应急响应能力，尽量招聘高素质、复合型的 CISO 来负责安全工作，而且 CISO 最好既懂一些互联网知识，又了解金融。

在技术方面，互联网金融机构还要引进多项技术，以加强网络与信息安全。与此同时，互联网金融机构还应该加强软硬件与系统建设，以更好地避免技术上的风险。

在流程方面，互联网金融机构要采取严格的产品开发流程和质量管理流程，这是保护互联网金融安全的重要手段之一。

互联网金融机构还应该重视产品体验、产品安全、数据隐私等对用户的影响。只有产品体验好、安全性强，互联网金融机构才可以留住更多用户，真正实现互联网与金融的完美融合。而这也是数字化时代，互联网金融机构实现长久发展的终极意义。

8.7 网络间谍渗透

长期以来，间谍"战争"都以错综复杂著称。如今，这种战争已经悄然蔓延到了网络这一无形空间中。不法分子借助网络漏洞，从事网络间谍、网络渗透、网络破坏等活动，严重危胁企业的安全，也影响了网络世界的和平与稳定。

8.7.1 难防的网络间谍

《谍中谍》是很多人都非常喜欢的电影。在电影中，主演汤姆·克鲁斯（Tom Cruise）通过自己的智慧和勇气完成了很多几乎不可能完成的任务，他在完成任务过程中的矫健身姿更是让广大粉丝印象深刻。殊不知，在触手可及的现实世界里，"谍中谍"也在如火如荼地上演。

如今，不少企业都面临着网络间谍的威胁。这些间谍带来的不仅是巨大的利益与声誉损失，还有不可预知的潜在风险。但就现阶段而言，大多数领导并没有很强的保密意识，甚至有时还会为了方便把极具价值的重要文件、商业信息随意存储在自己的私人电脑中。

网络间谍无处不在，领导的疏忽无疑为网络间谍获取企业的隐私数据打开了一扇方便之门。而且在数字化时代，间谍的攻击与入侵手法不断升级。

间谍的攻击与入侵手法有哪些？

1. 在邮件中植入木马病毒

间谍对企业发起攻击的手段多种多样，其中常见的是"蛙跳攻击"。所谓"蛙跳攻击"，就是用木马病毒、僵尸病毒等控制某个主机，将这个主机作为跳板，通过操纵它来攻击真正的目标。为了实现"蛙跳攻击"，间谍通常会在邮件中植入木马病毒，由木马病毒发起攻击。邮件的内容可以是邀请函、会议通知、工作纪要、年度报告等。

在发送邮件时，间谍还会针对不同对象设计个性化的诱导方式。例如，有些人一打开邮件，就会出现"无病毒"之类的提示，他们就会被诱导点击邮件中的恶意链接。然而，当他们点击恶意链接后，木马病毒就会立刻入侵他们的电脑，为之后的间谍活动做准备。

2. 借助移动存储介质渗入

有些企业为了保护自己的数据不被删除或篡改，会把数据单独存储在某台计算机上，并严格控制和管理这台计算机的网络接入情况。即使如此，间谍也会想方设法入侵计算机，对计算机上的数据进行攻击。

间谍会在 U 盘、移动硬盘等移动存储介质中植入病毒，一旦企业使用移动存储介质，病毒就会立刻感染内部系统，并把数据下载到移动存储介质中。这样间谍只要把移动存储介质接入任何一台联网的计算机，那些被下载的数据就会自动传输到计算机上供间谍使用。

对于间谍的攻击与入侵手法，CISO 防不胜防。因此，要想真正摆脱间谍的威胁，为企业造福，CISO 必须不断充实自己，掌握更多防范间谍的知识和技巧。

8.7.2 如何防范网络间谍

互联网不断发展引发信息大爆炸现象，也为间谍获取信息提供了有利条件。在这种情况下，CISO 应该对反间谍战略进行更深刻的思考。

CISO 如何实施反间谍战略并使其发挥最大作用？

1. 规范组织内部的上网行为

员工必须保证自己的上网行为是没有隐患的，这对于企业的网络与信息安全来说非常重要，同时也是避免间谍对企业造成更大影响的重要手段之一。很多 CISO 为了规范员工的上网行为，选择引进上网行为管理产品。如果这些产品可以真正被员工应用到工作中，那企业在间谍掀起的"安全战"中将占据优势地位，战胜间谍的概率也会大大提升。

2. 引进安全的网络系统，避免间谍入侵

一个安全的网络系统必须满足以下条件：

（1）保证非授权操作不能获取受到企业保护的信息或数据；

（2）保证非授权操作不能随意删除、篡改信息或数据；

（3）保证非授权操作不能破坏计算机、设备等重要资源。

CISO引进满足上述条件的网络系统，才可以真正实现连接系统安全、操作系统安全、应用服务安全、员工管理安全等多方面安全，从而将间谍的不良行为扼杀在摇篮里。

3．制定科学、合理的保密制度

在数字化浪潮汹涌的时代，任何企业都不能置身事外。与其他国家相比，我国的网络需求更复杂、多变。因为我国的网络用户数量很多，而且网络安全问题呈现出非常显著的多样性和层级性特征。这给需要营造安全的网络环境的企业提出了一道必须解决的命题。

企业必须合理地进行网络安全发展规划，培养员工的保密意识，招揽更多专业的网络安全管理人才，制定完善的保密制度。这样当间谍发起攻击时，企业就可以充分保护自己的切身利益，避免被卷入间谍事件中无法脱身。

下篇
与业务共同成长的 CISO

第 9 章

落地实施：调整安全工作优先级

> 很多 CISO 在工作一段时间后，就会陷入这样的状态：本来安全工作可以按时完成，但经常会因为一些突发事件影响了效率。还有些 CISO 每天都疲于应对各种紧急情况，结果却产生不了实质的价值。这主要是因为 CISO 没有提前规划好安全工作优先级，导致自己不能对安全工作进行科学、合理的统筹，从而拖慢了进程。为了让安全工作顺利实施，CISO 要规划安全工作优先级，保证自己可以有条不紊地完成任务。

9.1 业务支持：降低风险，提升效率

CISO 的主要职责之一是为企业提供业务支持，帮助企业降低风险并提升效率。为此，CISO 要重视数据安全、应用开发安全、设备安全，并考虑应该如何加强对其的管理。

9.1.1 数据安全

近几年，数据安全已经成为一个很热门的话题。滴滴因为涉及"数据合规八宗罪"[1]被罚款 80.26 亿元、上海某公共安全部门的大量数据被泄露、北京某企业

---

[1] 滴滴所犯的"数据合规八宗罪"分别是：违法收集用户手机相册中的截图信息 1 196.39 万条；过度收集用户剪切板信息、应用列表信息 83.23 亿条；过度收集乘客人脸识别信息 1.07 亿条、年龄段信息 5 350.92 万条、职业信息 1 633.56 万条、亲情关系信息 138.29 万条、"家"

的数据在网上被高价售卖等事件虽然对社会造成了负面影响，但也使数据安全问题在某些层面上得到重视和解决。例如，越来越多的企业开始关注数据安全，并让 CISO 专门负责保护数据安全。

事实也证明，现在很多数据安全项目是由 CISO 负责落地的，这是对计算机安全、信息安全、网络安全的一个重要延伸。然而，有些 CISO 可能没有能力牵头数据安全项目，这就要求他们不断提升自己，让自己变得更强。

CISO 应该如何在数据安全方面提升自己？

（1）增强数据安全意识。CISO 要确定企业的实际数据痕迹，但它往往规模庞大且随时都可能发生变化。例如，软件会激活休眠的集成摄像头，并突然开始生成大量数据。为了适应不断变化的环境，CISO 要使用自动化、可扩展和适应性强的数据痕迹监控工具，帮助企业建立数据清单，将数据分好类。

（2）重视数据合规要求。不同国家、不同地区的监管机构对数据合规有不同要求，CISO 应该掌握这些要求。例如，欧洲在数据合规执法方面更加严格，违规罚款也更高。

（3）关注数据寿命增长这一现实情况。数据上云让数据存储成本变低，很多企业可以无限期记录和保留数据。这对于依赖从数据分析中提取高价值信息的企业来说无疑是一个好消息。但对于希望减少数据痕迹、降低数据泄露风险的 CISO 来说，则是一个巨大挑战。

（4）掌握侵入式数据技术。数据痕迹爆炸式增长的一个原因是侵入式数据技术的出现。例如，沉浸式、个性化的虚拟现实体验要收集大量数据，虽然这些数

和"公司"打车地址信息 1.53 亿条；过度收集乘客评价代驾服务时、App 后台运行时、手机连接桔视记录仪设备时的精准位置（经纬度）数据 1.67 亿条；过度收集司机学历信息 14.29 万条，以明文形式存储司机身份证号 5780.26 万条；在未明确告知乘客情况下分析乘客出行意图信息 539.76 亿条、常驻城市信息 15.38 亿条、异地商务/异地旅游信息 3.04 亿条；在乘客使用顺风车服务时频繁索取无关的"电话权限"；未准确、清晰说明用户设备信息等 19 项个人信息处理目的。

据在预测消费或操作行为等方面为企业提供帮助，但不利于保护数据隐私。例如，频繁出现的重大攻击威胁，包括内部人为威胁、DDoS 攻击、电子邮件欺诈、云账户入侵等，都会导致数据泄漏。这不仅给企业带来了经济损失，还损害了企业在人们心中的声誉和形象。

"数据安全=数据+安全"，从这个角度来看，保护数据安全不仅是 CISO 的工作，也是与数据相关的所有职能部门的工作。而且如果企业的规模足够大，那这项工作可能还会涉及法律部门、审计部门、测试部门等。因此，在全员协作的时代，除了 CISO 要在数据安全方面提升自己，那些有数据需求的部门也要为保护数据安全出一份力。

9.1.2　应用开发安全

应用开发已经成为企业进行数字化转型的关键步骤之一，无论是开放式服务、移动与网络服务，还是数据与信息共享，背后都要有安全的应用开发作为支撑。如今，企业必须比以往任何时候都更重视应用开发安全。

保护应用开发安全有什么价值？

保护好应用开发安全，企业可以推出高级服务并将其迅速投入市场，为开拓更多新业务与盈利渠道提供有利条件。尤其在数字化转型进程不断加快的趋势下，企业必须迅速部署远程应用开发安全软件，并进行产品集成以支持各项设备的正常运行。

如果企业不重视应用开发安全，那不仅会让自己的声誉受到影响，还很可能失去竞争优势。在整个商业领域，声誉损失是企业最难以摆脱的负面冲击。与之相对的，保护应用开发安全会为企业带来良好的声誉，声誉承载着稳定、诚信，也带来了客户的忠诚。

鉴于上述种种价值，很多 CISO 已经意识到保护应用开发安全是竞争优势的一大体现。因此，作为安全负责人，CISO 必须把握机会，帮助企业牢牢地抓住"救命稻草"。

CISO 如何保护应用开发安全？

第一，将应用开发安全保护支出纳入运营成本。

应用开发意味着可观的业务价值和回报，但要获得这些价值和回报，CISO 必须先解决应用开发安全保护这个棘手的问题。现在几乎所有软件开发公司都是应用驱动型组织，对于它们来说，保护应用开发安全已经不再是额外措施，而是在数字化环境下开展业务的一项必然举措。如果它们不拿出一部分钱制定专业、完善的应用开发安全保护方案，那很多工作都将暴露在风险下，这会给 CISO 带来比较大的麻烦。

第二，在组织内部进行全面的应用开发安全工作。

CISO 应该提前让员工知道应用开发安全需求，以及未来可能出现的应用开发安全威胁。CISO 可以向员工提供相关文件的副本，听取他们的建议，并不断强化他们对应用开发安全的认知。如果企业的经济实力比较强或人才储备比较足，那 CISO 也可以任命一个应用开发安全测试员，指导他在应用开发过程中对一些常见的安全问题进行测试。

应用开发涉及很多业务领域，CISO 要引导和教育员工，让他们理解应用开发安全方案，并意识到这个方案对降低风险的重要意义。

新时代的 CISO 似乎已经达成这样一个共识——将跨职能部门的"安全意识"文化作为企业发展的第一要务很有必要。保护应用开发安全同样离不开这样的文化，为此，CISO 必须充分考虑组织关系问题，分析员工为保护应用开发安全做了哪些贡献，并不断强调保护应用开发安全对实现安全目标的作用，鼓励员工自主、自愿地承担相关工作。

9.1.3 设备安全

技术不断发展，各种各样的设备迁移到云上，在企业中形成一个开放或半开放的平台。与此同时，设备安全问题也开始暴露出来，在全球范围内呈现爆炸式增长的趋势。面对如此严峻的挑战，保护设备安全成为企业必须重视的一项任务。

很多企业在设备安全方面还存在工作漏洞,对设备安全的重视程度也远远不够。

设备安全问题难解决的原因有哪些?

(1)职能部门多且需求不一致,导致传统设备管理方法不能及时适应系统变化。

(2)各种各样的新型设备不断涌现,并被大规模应用。如果企业没有更先进的技术和方法来管理设备,那设备安全问题很可能越来越严重。

(3)大部分设备安全问题都属于突发事件,很多企业没有足够强的能力应对此类事件。

(4)为设备更换管理员时,数据传输不完整或多次重复传输,导致设备出现故障。如果故障非常严重,那设备中的系统会变成"僵尸"系统。

如何更有效地解决设备安全问题?

要解决设备安全问题,关键在于CISO要摸清企业的设备"家底",即通过各种手段对设备进行识别和管理。这是设备安全工作的重中之重。另外,CISO也应该及时了解、控制、定位设备背后的风险,判断会发生什么风险,以及风险什么时候会发生。这样CISO就可以在风险刚刚萌芽甚至还没有出现时就将其消除。

除了摸清"家底"和风险管理,以下5个关键点也可以帮助CISO解决设备安全问题。

(1)准备工作。开展设备安全工作要有实践、承诺和明确的责任分配计划。越来越频繁发生的设备安全事件给CISO敲响了警钟,促使他们不断提升预测和应对此类事件的能力。

(2)管理权。在大多数企业中,设备管理权没有掌握在CISO手里,这就为CISO保护设备安全造成了一定的阻碍。在这种情况下,CISO不妨与董事会商议,说服他们将设备管理权转移给自己,然后定期向他们汇报设备安全工作进展。

(3)能力。CISO要修炼更强、更高级的设备安全保护能力,并保证这些能力可以在保护设备安全的过程中真正地发挥作用和价值。

（4）意识。在组织内部，CISO必须从上到下地培养设备安全保护意识。与此同时，CISO还要充分了解第三方设备供应商的生态系统，尽量和它们用一致的方法保护设备安全。

（5）合作。CISO要与领导合作，了解他们对设备安全工作的想法，并在参考他们的想法的基础上，找到恰当的方法，以应对可能发生的风险。

对于CISO来说，制定具有前瞻性的设备安全保护计划也很重要。CISO要定期评估老化设备对企业的不良影响，避免企业遭受损失。根据CISO对老化设备的识别和管理，领导可以更高效地处理老化设备修理、新设备购买等相关事宜。

9.2 中长期规划：将风险扼杀在摇篮里

很多人在做事前都习惯制定一份规划，CISO其实也应该如此。CISO应该从识别规划、联防检测、响应恢复等方面入手制定中长期规划，以及时识别并控制风险，避免风险给企业带来巨大损失。

9.2.1 识别规划

数字化时代，新型安全威胁层出不穷，制定体系化、规模化的应对措施对于企业来说已经是势在必行。CISO要想让企业的安全得到更好的保护，那就必须制定完善的安全规划，为安全工作绘制蓝图，引导安全工作向合规、统一、先进、高效的方向发展。

CISO应该如何做好安全规划？

关键点1：基于"关口前移"思维建立内生安全体系

"内生安全"是一个热门话题，强调安全与数字化的融合，而"关口前移"则是为安全与数字化的发展做同步规划。之前很多安全措施没有效果，很大一个原因是CISO没有在早期规划阶段就把数字化和安全融合在一起。要解决这个问题，

CISO 就要实现安全与数字化的全面覆盖,并明确安全能力的集成点,使安全能力可以通过内生的方式得到最大化发挥。

关键点 2:创新安全架构,让安全工作在组织内部达成共识

安全规划可以指导 CISO 创新安全架构,保证企业的安全战略与国家的安全战略是一致的。这样有利于推动企业的安全战略顺利执行,并让各层级、各职能部门对一些关键的安全工作达成共识,使其充分了解安全能力的集成与落地。

关键点 3:绘制安全工作演进路线图

大多数员工和 CISO 的职责和想法不同,对安全工作也存在不同理解,导致安全管理出现了模糊地带。因此,CISO 要绘制安全工作演进路线图,保证自己和业务人员、技术人员、财务人员等都朝着一致的方向前进。这样大家可以真正了解安全工作,也能明确安全工作和其他工作之间的边界和图关系,从而让安全工作发挥更大的作用和价值。

关键点 4:以能力为导向制定安全规划

要制定以能力为导向的安全规划,关键在于提升安全能力,让安全能力与企业的安全现状相匹配。CISO 应该明确安全能力的有效性是否达到可认定、可度量的级别,还要知道安全能力能抵御哪些风险,以及安全能力的底线在哪里。同时,CISO 还要将企业与竞争对手作对比,找到深层次、细颗粒度的安全差距,而不能只关注某项任务有没有、做没做。

关键点 5:积极应对安全风险

安全风险是动态变化的,CISO 要积极应对技术升级、产品迭代、多源威胁、监管力度加大带来的诸多风险。如今,单纯的人力与物力投入已经无法满足 CISO 应对风险的需求,企业的风险应对措施必须通过安全规划走向实战化。

CISO 必须将与安全相关的流程、管理制度、设备等整合在一起,形成完善的体系,以更有效地应对风险。对于动态变化的安全风险,CISO 要及时识别,并据此调整和优化应对措施。另外,为了降低风险对企业造成的损失、解决漏洞和补丁问题、监测和管理安全事件、分析和溯源情报数据,开展安全攻防演习是 CISO 应该重视的任务。

虽然制定安全规划是非常关键的一个环节,但很多 CISO 根本不重视。为了节省时间和精力,一些 CISO 简单罗列工作任务作为安全规划。而至于为什么要完成任务、完成任务可以解决什么问题、能将企业的安全水平提升到什么程度,CISO 可能一无所知。这样制定出来的安全规划往往无法得到决策层的认可和支持,也不会有很好的效果。

9.2.2 联防检测

相关资料显示,近两年出现了大量更高级的威胁。识别和应对这些威胁给 CISO 带来前所未有的挑战与压力。在如此严峻的形势下,CISO 要想降低这些威胁给企业带来的影响和损失,就应该开展联防检测。但开展联防检测并没有想象得那么简单,其中有很多痛点要由 CISO 自己解决。

开展联防检测有什么痛点?

1. 早期阶段无法识别真正的威胁

现在的威胁越来越多,而且越来越高级,大多数 CISO 可能没有能力从大量的威胁中识别出真正的威胁。为此,CISO 要引进现代化威胁检测工具,以减少误报情况。与此同时,CISO 还应该加强对此类工具的管理,从中获取检测数据并自动执行联防行为。

2. 难以连接跨时间数据

随着时间的不断推移,对数据进行连接变得越来越困难。因为不法分子通常会在较长时间内对企业发起多次攻击,CISO 几乎不可能跨时间处理这些看似不同的威胁,也无法在与职能部门脱节的情况下收集与这些威胁相关的数据并进行连接。

3. 手动检测威胁既耗时又耗力

当风险来临时,检测和调查不同威胁源头耗费 CISO 大量的时间和精力。CISO 要想找到痛点所在并及时解决,必须整合多个系统,从这些系统中收集数据并进行分析。以往,此项工作可能要由 CISO 通过手动的方式独立完成,导致他们经常失去应对威胁的最佳机会。

CISO 应该如何解决联防检测的痛点？

第一，收集威胁情报，打造联防检测中心。

在很多企业中，威胁情报的枢纽作用开始显露出来，以往单一的威胁情报获取渠道已经无法满足数字化时代的需求。因此，越来越多的 CISO 选择打造联防检测中心，将可能受到威胁影响的职能部门整合到一起，以便自己能从多个渠道收集更大规模的威胁情报。

联防检测中心不仅可以为 CISO 提供威胁情报，还可以促进 CISO 和职能部门之间的协作，让他们有条件一起进行威胁检测，并想方设法应对威胁。另外，联防检测中心还可以及时更新威胁类别，并针对不同类别的威胁形成可落地的最佳实践方案。在溯源方面，联防检测中心可以进行攻击行为的溯源分析，帮助 CISO 明确是谁发起的攻击。

第二，借助技术进行威胁检测。

技术持续升级，各种自动化手段不断涌现。这意味着，数字化时代的 CISO 可以将注意力集中在更繁重、更有价值的任务上。与此同时，CISO 花费在简单、低价值的手动工作上的时间更少，各职能部门在威胁检测过程中的角色和责任也会得到更合理的安排。

但如果自动化手段会对 CISO 产生干扰，那就很容易让他们无法了解威胁的严重程度，也无法对威胁优先级进行排序，智能化威胁检测也难以实现。因此，CISO 要考虑自动化手段是否贯穿于整个威胁检测过程、如何才能保证自动化手段发挥作用、如何让董事会相信自动化手段对威胁检测的重要性等核心问题。

在开展联防检测的过程中，CISO 必将面临成本、灵活性、威胁优先级、数据收集等诸多问题。这要求 CISO 聚焦于联防检测的实际现状，加强与职能部门之间的协作，帮助企业实现安全工作的降本增效。

9.2.3 响应恢复

一直以来，对即将发生或已经发生的风险进行响应是安全规划中很关键的一项工作。随着风险类别逐渐增多，这项工作的难度也在不断提升。大多数 CISO 认为，这项工作可能会在未来变得更难。显然，他们已经认识到问题的严重性和紧迫性，并开始主动地采取一些行动。

为了响应风险，CISO 可以采取哪些行动？

行动一：及时备份

在风险横行的时代，备份的重要性更加凸显。CISO 可以依赖备份在风险发生后恢复系统或设施，不过备份完整、规模大，才能产生比较好的恢复效果。另外，CISO 还要制定科学、经过测试的恢复计划，对系统或设施进行重建，让它们尽快重新上线。

行动二：及时收集数据

有些企业为了响应风险、恢复系统或设施，不惜斥巨资建立一支紧急响应团队，结果却发现他们产生不了任何价值和作用，因为他们没有足够多的数据。解决这个问题的关键在于，CISO 要下意识地思考从哪里收集数据，以及如何将两项重要的数据——风险覆盖面和风险留存时间融合到一起。CISO 还要针对这两项数据设计极具创造性的独特的收集方法，例如，通过运营团队或 IT 团队获取这两项数据等。

行动三：进行多种形式的风险响应演练

完善的风险响应计划对于企业来说很关键。想让企业具备在风险发生后第一时间响应的能力，CISO 就要组织多种形式的演练。从技术人员到公关人员，再到法务、审计人员，都应该积极参加演练。即使是电话会议形式的演练，CISO 都要花不少代价让这些"大佬"聚在一起。所以 CISO 可以另辟蹊径，通过多次开展小规模的演练，让不同职能部门的人一起学习风险响应方法。或者 CISO 也可以组织简单的推送学习，例如，给有需求的人送"每日不良习惯""系统恢复指南"等内容，让他们随时随地学习。

如果 CISO 仔细研究近几年发生的安全事件，就可以发现绝大部分风险都有一个共同的导火索——凭证失窃。如今，多因素身份验证获得了迅猛发展。很多不法分子在意识到企业的系统或设施启用多因子验证后，就会选择不发起攻击。对于 CISO 来说，多因素身份验证是很实用的方法，可以降低企业被攻击的风险。这样就可以节省很多响应风险、恢复系统或设施的时间和精力。

9.3 当下：关注 TOP 场景

在前几年，CISO 一直忙于满足远程办公模式下的安全需求。但当下的社会形势已经发生了很大变化，攻击的数量和严重程度也都不可同日而语，这给 CISO，尤其是未做好准备的 CISO 带来了重大挑战。本节就来探讨在新的社会形势下，CISO 应该关注哪些 TOP 场景，以及如何为应对网络安全挑战做好准备。

9.3.1 网络安全挑战

在数字化迅猛发展的时代，网络安全居于大多数企业重点工作的最前列。CISO 作为网络安全负责人，必须了解网络安全面临的挑战，并提出有针对性的应对措施，以更好地帮助企业完成数字化转型。

网络安全面临哪些挑战？

1. 网络安全进入新阶段

网络安全的发展可以分为 4 个阶段：通信保密阶段、计算机安全阶段、信息系统安全阶段、网络空间安全阶段。而现在处于网络空间安全阶段，网络安全呈现出复杂化、多样化的趋势，对安全理念、安全管理体系、人才等提出了更高的要求。而 CISO 作为网络安全的负责人，面临着十分严峻的挑战。

2. 网络安全背后的"四化"挑战

（1）对手组织化。随着时代的发展，很多不法分子已经从普通的网络罪犯升级为有组织的攻击团队。另外，他们的攻击手段也从通用攻击演变为更高级的定向攻击，同时打破了边界防御思想。在这种情况下，体系化防御势在必行。

（2）环境云化。技术的普及让终端设备、应用系统、IT 设施全面云化，由此产生的云化环境对于不法分子来说有更强的吸引力，也让 CISO 面临更大的防御压力。

（3）目标数据化。信息化建设的基础是数据共享，再加上数据在社会中的地位越来越高，导致数据逐渐成为不法分子攻击的重要目标。

（4）防护实战化。在前所未有的安全形势和安全环境下，安全工作的重点从合规转变为能力提升，安全防护呈现出实战化的特征，攻防演习也逐渐成为常态化战略。

3．内部威胁未被重视

在传统安全观念下，组织内部被认为是足够安全的，所以 CISO 往往会忽视内部威胁。但相关资料显示，在各种各样的攻击中，员工恶意或无意导致的攻击高居榜首。

4．技术与人才等资源不足

如今，技术虽然迅猛发展，但安全领域的技术尚未形成体系，企业为技术引进和升级留出的预算也偏低，导致 CISO 的安全工作难以开展。另外，很多企业面临人才不足的问题，只能在有限的资源下有选择性地进行安全体系建设，从而严重影响了安全工作的效果。

为了应对上述挑战，CISO 必须加强安全顶层设计，创新安全架构，进一步优化安全体系，明确安全演进路线，在条件允许的情况下加大资源投入。这样才可以真正使安全工作与信息化建设融合在一起，帮助企业实现"一体两翼"的战略定位。

9.3.2 数据泄露事件频发

近几年，国内外频繁发生数据泄露事件，数据安全风险越来越高。例如，三星多达 150GB 的机密数据和核心源代码泄露；宜家近 9.5 万名客户的个人信息被泄露；英伟达 1TB 的机密文件被盗窃，导致 7 万员工的信息被泄露；医疗设备机构 Shields 多年积累的 200 万条患者信息被泄露；学习通 1.7 亿条学生信息数据被泄露。

上述数据泄露事件不仅规模非常大，而且对企业造成的损失也创了新高。根据信息通信研究院提供的数据，2024 年，数据泄露事件的平均成本已经达到 488 万美元，而且，大部分企业不是第一次出现数据泄露事件。由此可见，加强对数据泄露事件的管理是当务之急，CISO 必须为此采取一些措施。

CISO 如何管理数据泄露事件？

（1）数据源管理。CISO 应该对数据源进行严格管理，包括记录数据接入过程、收集和分析数据源配置信息、手动添加数据源等。

（2）敏感数据管理。包含敏感数据的数据源、数据库、数据表、数据字段等都是非常有价值的，CISO 应该加强对其的识别和管理。

（3）员工行为管理。在工作中，员工可能需要访问数据，但不正确的访问行为会对数据安全产生危害。CISO 应该根据数据安全规则发现异常行为进行预警，将数据泄露风险扼杀在摇篮里。

（4）数据泄露溯源。对数据泄露进行溯源分析可以降低企业的损失，为此 CISO 应该精准地定位员工、设备、IP 等信息，找到数据泄露路径，还原数据泄露场景，形成完整的报告。

与数据破坏事件相比，数据泄露事件对企业造成的损失和影响更大。为了让董事会放心，CISO 应该定期与董事会沟通数据保护情况。如果 CISO 在企业中的地位足够高，那还可以让董事会开展数据泄露演练活动（至少每半年一次）。这样有利于帮助董事会了解数据保护相关工作的运作模式，同时帮助他们增强遵守数据安全规则的意识和能力。

9.3.3　构建零信任的安全管理模式

在很多 CISO 眼中，零信任只是一种技术修复手段，但其实它是一套相互交织、能洞悉攻击行为及潜在风险，并致力于消除风险的方案集合。这套方案集合的实施除了要有 CISO 和职能部门之间的协作，还离不开员工的参与。

究竟是什么推动了安全管理模式向零信任转变？

（1）数字化迅猛发展极大地提升了 IT 的复杂性和成本。

（2）越来越多的员工希望自己的工作可以不受空间和设备限制。

（3）产品和服务逐渐朝着云化方向发展。

（4）如今，企业对便捷的业务协作和优质的供应链集成有更强烈的需求。

（5）攻击模式比以往更先进，对企业的影响也更大，甚至可以入侵企业的防御系统。

零信任模式可以产生哪些价值？

数字化时代的来临让零信任模式成为打破传统信任桎梏的重要手段。目前在全球范围内，零信任模式是主流的安全管理模式之一，它以"持续验证，永不信任"为核心，不信任内外部的任何人、设备、系统，并对数字经济新周期下的安全架构进行了调整和优化。

在零信任模式下，多维身份认证、最小权限动态访问控制、可变信任管理等都可以实现。这样不仅可以帮助企业降低授权访问的不确定性，还可以阻断失误决策，持续且有效地保护企业安全。另外，零信任模式还可以提升安全保护战略的灵活性和可适应性，从而更好地满足开放度和复杂度都更高的业务场景需求。

零信任模式虽然有不少优势，但对企业的业务系统改造有比较高的要求。如果企业的规模比较大，可以尝试引进零信任模式。而如果企业处于初期发展阶段，IT 能力还不是很强，经济实力也没有那么雄厚，那不妨再稍微等一等。因为未来可能会有更成熟、接受程度更高、自动化程度更高的产品诞生，此类产品更适合处于初期发展阶段的企业。

第 10 章

优化策略：从项目管理到企业治理

> 数字化时代，为了应对各种威胁和攻击，保证安全工作和业务的顺利开展，CISO 要制定一系列安全策略。这些策略涉及多个方面，包括项目管理、技术管理、企业治理。而随着安全形势的变化，CISO 必须及时优化这些策略。

10.1 项目管理

企业是否要进行项目管理通常取决于项目管理能否为企业带来可观的效益。如果企业的主要盈利来源是项目，那 CISO 就要做好项目管理，不断丰富自己在项目管理方面的知识储备。

10.1.1 底层基础

项目管理已深度融合到企业管理过程中，一些比较日常的任务都可以通过项目的方式得以落实。对于企业来说，项目，尤其是重大项目的完成不仅可以增加效益，还有利于树立良好的品牌形象，实现市场价值和竞争力的双重提升。为了让项目顺利完成，CISO 应该重视项目管理，而做好此项工作的关键就在于了解其底层基础。

项目管理的底层基础是什么？

PMI（Project Management Institute，项目管理协会）提出的项目管理体系对

项目管理产生了非常重要的支撑作用，同时也被视为项目管理的重要基础之一。该体系包含时间管理、成本管理、质量管理、人力资源管理、风险管理、采购管理、包含管理等诸多知识领域，能够为 CISO 进行项目管理提供方向指导。

除了 PMI 的项目管理体系，SSE-CMM（Systems Security Engineering-Capability Maturity Model，系统安全工程能力成熟度模型）也是项目管理的基础。SSE-CMM 的核心是建立能管理、能测量、能控制的安全工程，并对安全工程的所有活动进行清晰、明确的定义。

SSE-CMM 由 3 个维度组成：能力类型维度、过程域维度、成熟度级别维度（如图 10-1 所示）。这 3 个维度为 CISO 提供了完整的项目标准体系，融合了与项目管理相关的重点，可以让项目在顺利实施安全工程后，获得可喜的安全结果。

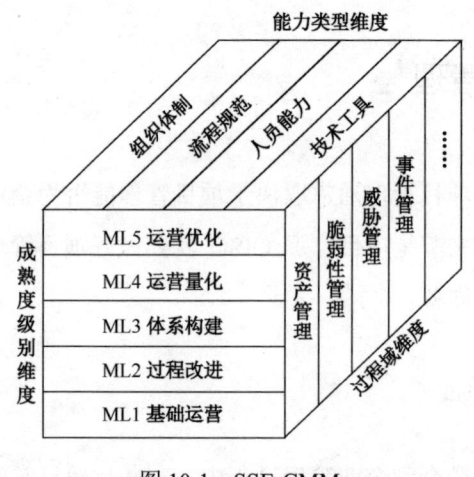

图 10-1 SSE-CMM

在项目管理过程中，CISO 必须了解项目管理体系和 SSE-CMM，并通过这两大基础和企业的现有资源保证项目的运作效率和安全，为企业创造更高的价值。

10.1.2 业务支持

大多数企业都希望自己招聘的 CISO 是一名"集大成者"，即拥有触类旁通的能力，掌握跨学科、跨专业的知识，同时能在职业生涯中实现横向与纵向"裂变"。

项目管理同样离不开这样的"集大成者"，他们除了要将安全工作处理得有条不紊，还要为项目管理者提供相应的业务支持，并与业务人员建立联系。

CISO 如何为项目管理者提供业务支持？

在实施阶段，项目管理者必须有相应的工具和软件作为支撑，CISO 则要与项目管理办公室一起组织相关培训工作。在培训时，CISO 要为业务人员介绍如何进行项目管理，引导他们积极配合项目经理的工作，从而减轻项目经理的工作压力。

项目完成后，项目经理通常会组织召开总结会议，业务人员要对自己负责的工作进行总结和汇报。CISO 应该对表现优秀的业务人员进行表扬，鼓励他们为项目管理献计献策。通过长期的总结和表扬，他们将不断地加深对项目管理的理解，达到在实践中学习的目的。与此同时，项目经理和 CISO 也可以节省一部分培训成本。

在复盘阶段，CISO 可以和项目经理一起带领业务人员回顾项目管理目标，明确项目管理措施是否有效，分析其他职能人员参与项目管理的情况、项目进度是否按照计划进行、工作质量有没有达到预期效果。另外，对项目经费和实际支出情况进行分析也非常重要。

为了提升项目管理的效果，CISO 还可以定期组织项目管理经验分享会，让项目经理给业务人员分享成功经验。这样可以将项目管理的隐性知识转变为显性知识，有利于业务人员积累更多经验，从而在组织内部更好地协作。

10.1.3 安全文化

安全文化是企业在不断发展的过程中形成的安全价值观、安全愿景、安全制度、安全行为规范等的总和。它贯穿于企业发展全过程，会受到领导的意识形态及长期行为的影响。对于企业的员工来说，它有很强的导向、激励、凝聚、约束及辐射作用。

在项目管理越来越重要的当下，安全文化逐渐成为项目管理的重要推动力，为 CISO 进行项目管理保驾护航。因此，优秀的 CISO 应该重视安全文化建设。

在项目管理过程中，CISO 如何做好安全文化建设？

CISO 要进行安全文化建设，可以寻求项目管理办公室的帮助，由项目管理办公室牵头做这项工作。项目管理办公室可以把企业的战略管理和项目管理连接在一起，把一些真正实用的方法和技巧分享给员工。这样不仅可以实现项目管理的标准化，将企业的组织架构从职能型转变为项目型，还能形成以项目为核心的安全文化，并使其在组织内部蔓延。

另外，定期进行安全文化的培训和宣传，分享与安全文化相关的成功或失败案例也很有必要。在这些方面，项目管理办公室可以发挥很大作用。

10.1.4 身份和访问管理

经常关注时事和新闻的 CISO 可能已经发现，在很多安全会议上，"身份识别""访问管理"都已经成为绕不开的热门话题。而且不少公司也开始大谈"身份识别""特权访问""隐私""生物特征识别""生物识别平台"等问题，甚至直接为自己的产品贴上"身份识别""访问管理"等标签。对于这种趋势，CISO 必须尽快适应并采取行动。

要了解身份和访问管理，应该关注哪些重点？

身份和访问管理（Identity and Access Management，IAM）是安全行业的一种 Web 服务，具有单点登录、认证管理、集中式授权、审计、动态授权等功能。如果一个组织没有进行身份和访问管理，那就意味着任何人都可以查阅、篡改、删除其存储的数据和信息。相应的，这个组织也就无法保护数据和信息的机密性、完整性、安全性。

现在很多 CISO 都十分关注身份和访问管理，他们对以下 4 个问题比较感兴趣。

问题一：身份和访问管理的效果如何？

问题二：身份和访问管理对合规有哪些影响？

问题三：身份和访问管理的操作流程有没有被简化，简化程度如何？

问题四：进行身份和访问管理要花费多少成本？

为什么 CISO 会如此关注身份和访问管理？

1．出于应对攻击事件的考虑

随着越来越多的用户开始远程访问，用户身份信息逐渐成为不法分子对企业发起攻击的目标。在已经发生的安全事件中，大部分事件涉及身份信息被窃取，而身份和访问管理就是减少此类事件的关键手段之一。因此，加强身份和访问管理，及时检测内外部威胁，几乎是所有 CISO 都赞成和认可的重点任务。

2．基于风险的身份验证功能应该得到重视

根据 IDC 的调查，以往在身份和访问管理方面，单点登录、特权访问管理等功能是 CISO 比较关注的。而现在，基于风险的身份验证功能越来越受到 CISO 的重视，这极大地推动了身份和访问管理在组织内部的实施与落地。

有了基于风险的身份验证功能，系统在对用户进行验证时会将上下文考虑在内。这样不仅提升了访问的安全性，也可以进一步简化用户的操作过程。对于重视隐私和操作简化程度的 CISO 来说，该功能无疑是非常有吸引力的。

无论 CISO 是出于什么原因开始关注身份和访问管理的，有一件事是可以肯定的：任何企业都面临着不断增长的内外部威胁和攻击。所以 CISO 必须重新考虑身份和访问管理措施，找到改善安全现状的方法，投入必要的资源，以成功应对这些威胁和攻击。

10.2 技术管理

CISO 在进行安全工作或向董事会报告时，业务能力的确非常关键，但这并不意味着他们对重点技术一无所知。事实证明，大部分 CISO 都具备一定的技术背景，甚至有些 CISO 是从技术大厂跳槽而来的。为了更好地保护企业的安全，CISO 需要进一步学习技术知识。

10.2.1 漏洞管理成熟度模型

很多 CISO 没有站在更高的角度看待漏洞管理，不了解企业的漏洞管理处于哪个阶段，也不清楚漏洞管理的未来发展方向，导致漏洞管理陷入困境。为了解决这些问题，著名网络安全公司 CoreSecurity 就提出了漏洞管理成熟度模型，如图 10-2 所示。

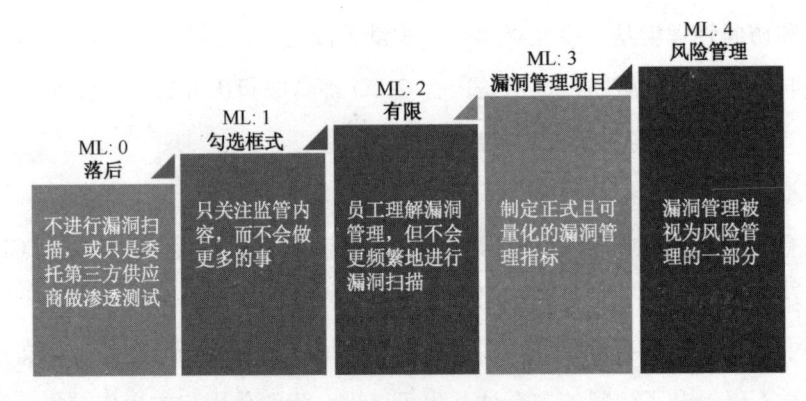

ML: 0 落后	ML: 1 勾选框式	ML: 2 有限	ML: 3 漏洞管理项目	ML: 4 风险管理
不进行漏洞扫描，或只是委托第三方供应商做渗透测试	只关注监管内容，而不会做更多的事	员工理解漏洞管理，但不会更频繁地进行漏洞扫描	制定正式且可量化的漏洞管理指标	漏洞管理被视为风险管理的一部分

图 10-2 漏洞管理成熟度模型

漏洞管理成熟度模型是什么？

漏洞管理成熟度模型像一张地图，由 5 个成熟阶段组成，清晰地展示了漏洞管理从盲目走向成熟的过程，为 CISO 走出漏洞管理困境提供了方向指导。

第一个成熟度阶段是"落后"。在这个阶段，企业通常没有进行任何漏洞扫描，或者只是委托第三方供应商做一些渗透测试，获得一份漏洞管理报告。根据这份报告，关键漏洞可能会得到修复，但大多数漏洞还是存在的，会对企业的安全造成威胁。

第二个成熟度阶段是"勾选框式"。在这个阶段，漏洞扫描以固定的频率在组织内部进行，目的是满足相应的监管规定。因为大多数监管规定都只提出了应对风险和获取安全证书的最低要求，所以 CISO 通常只关注监管内容，而不会做更多的事。

第三个成熟度阶段是"有限"。在这个阶段，员工理解漏洞管理，也得到了决策层的支持。因此，CISO 会更频繁地进行漏洞扫描，漏洞管理报告也更详细、更精准。

第四个成熟度阶段是"漏洞管理项目"。在这个阶段，企业会制定正式且可量化的漏洞管理指标，也会重新定义可接受风险水平，并有完善的风险应对方案。

第五个成熟度阶段是"风险管理"。在这个阶段，漏洞管理被视为风险管理的一部分。CISO 会一起收集漏洞管理数据和安全配置数据，并形成全面的风险评估报告。

目前大多数企业都处于第二个或第三个成熟度阶段，这通常是资源匮乏导致的，如缺少时间、资金、技术、人力等资源。但资源问题不是短时间内可以解决的，这就要求 CISO 想一些其他方法更高效地提升漏洞管理成熟度。

CISO 如何提升漏洞管理成熟度？

第一，保证漏洞管理与业务是一致的。

对于 CISO 而言，与其做一个总是说"不"的安全负责人，不如从漏洞管理中找到达成年度业务目标、加快业务进程的方法。如果 CISO 找到了这样的方法，那不仅会得到业务部门的支持和认可，还可以从决策层那里拿到更多资源。

第二，制定漏洞管理指标。

CISO 可以制定漏洞管理指标，让员工知道漏洞管理的必要性和价值。例如，CISO 可以通过指标表达自己要交付的服务，描述修复漏洞所需的时间，以及将漏洞修复好可以为企业带来哪些优势。

10.2.2　12 个顶级托管检测和响应解决方案

以往 CISO 要处理安全事件，通常会使用 SIEM（Security Information and Event Management，安全信息和事件管理）工具。该工具为企业提供了一个中央存储库，用来分析、监控和警告安全事件。但只要安全事件的严重程度达到一定级别，该工具就会在后续步骤中显得有些"捉襟见肘"。对此，CISO 就要引进更高级的托管检测和响应（MDR）解决方案。

目前常用的托管检测和响应解决方案有哪些？

1. Sophos 托管威胁响应方案

Sophos 托管威胁响应方案可以对基础设施进行 7×24 全天候检测，帮助企业及时识别安全事件。该方案还能关联安全事件的原始数据与业务资源，采取相应的威胁响应措施，提供解决安全事件的建议，从而提升企业及时响应安全事件的能力。

2. Arctic Wolf（北极狼）托管检测和响应方案

Arctic Wolf 托管检测和响应方案的主要作用是对威胁进行全天候检测和管理。它不仅可以自动搜索威胁，还可以对企业系统进行扫描，分析漏洞并评估风险。另外，它也能监控移动设备、物联网设备等，帮助 CISO 尽快识别这些设备背后的风险。

3. Red Canary 托管检测和响应方案

Red Canary 托管检测和响应方案具备分析和监控竞争对手的能力。它为企业提供安全事件发生频率、平均响应时间等数据，还可以检测和验证安全服务的有效性与实用性。

4. Crowdstrike Falcon Complete

Crowdstrike Falcon Complete 可以监控和保护云工作负载的安全，帮助企业加强身份和访问管理。而且有了 Crowdstrike Falcon Complete，企业的数据中心不必再部署额外的服务器硬件或软件，从而帮助企业节省了一大笔成本。

5. SentinelOne Vigilance Response

SentinelOne Vigilance Response 恢复基础设施的平均时间只有 18 分钟，而且还可以将安全事件对业务产生的影响可视化。CISO 可以借助该方案进行攻击响应、数字取证、恶意软件分析等工作。

6. Rapid7 托管检测和响应方案

Rapid7 托管检测和响应方案每周能跟踪 1.2 万亿个安全事件，而且有可以用来开发签名和分析模型的大规模数据集。它还有一些与众不同的功能，包括每月主动搜索威胁、形成详细的威胁调查报告、提供响应威胁的优先建议等。

7. Alert Logic MDR 解决方案

Alert Logic MDR 解决方案帮助企业监控云平台、SaaS（软件即服务）应用程序、各种本地资源，并提供完整的合规报告。它有自定义响应手册，可以实现安全事件响应的流程化。

8. Cybereason MDR 解决方案

Cybereason MDR 解决方案的优势是迅速响应：在 1 分钟或更短的时间内识别威胁；在 5 分钟内对威胁进行分类；在半小时内修复漏洞。它可以帮助 CISO 明确响应工作优先级，评估关键业务可能面临的威胁，并发起响应行动。

9. Binary Defense 托管检测和响应方案

Binary Defense 托管检测和响应方案的平均响应时间是 12 分钟（通常不会超过 30 分钟）。它为企业提供威胁搜索与识别服务，可以将企业抵御威胁的能力提升到一个新的水平。

10. WithSecure Contercept

WithSecure Contercept 可以抵御和修复大约 99%的威胁，其团队将大量的时间和精力用来研究漏洞，制定检测和响应方案。该方案会持续分析企业的系统和设备是否存在漏洞，并帮助企业强化系统和设备，降低被攻击的风险。

11. Critical Start MDR 解决方案

Critical Start MDR 解决方案提供远程或现场事件响应和数字取证功能。它旗下有一款移动应用程序，可以提升 CISO 对安全事件的可预见性。

12. Expel 托管检测和响应方案

Expel 托管检测和响应方案可以与企业现有的基础设施集成，实现更有效、更迅速的威胁识别和响应。该方案还能借助机器人进行日志和事件分析，为 CISO 提供安全事件的相关信息和数据，以及一些值得关注的"有趣活动"。

10.2.3 保证云应用安全

曾经一位来自美国的研究人员发现了视频会议应用 Zoom 存在的漏洞。该漏洞让不法分子在身处异地的情况也可以窃取用户的登录数据，从而使用户面临隐私被泄露的风险。此事件发生后，美国联邦调查局（FBI）、美国航空航天局（NASA）、太空探索技术公司 SpaceX 要求员工不得继续在 Zoom 上发起视频会议。

其实很早之前，Zoom 就修复了其软件的一个漏洞。这个漏洞可以让未被邀请的人参与用户发起的私人视频会议，并远程窃听会议的内容和对话，甚至共享用户在会议上公开的音频、视频、文档，以及用户的手机型号、时区、运营商、广告唯一标识符等重要信息。

针对上述事件，Zoom 的创始人袁征表示，他和团队将以最快的速度解决隐私安全方面的问题，同时决定暂时停止其他业务。另外，Zoom 还发起了"漏洞赏金"计划，为发现漏洞的人提供奖励，并邀请对方与第三方一起解决问题。

Zoom 是一个非常知名的 SaaS 云应用，上述事件让 Zoom 遭受了巨大的经济和声誉损失，导致股价大幅下跌。Zoom 的案例告诫 CISO，重视云应用安全很有必要。

CISO 如何实现云应用安全？

（1）云应用容易存在漏洞，这些漏洞往往会被不法分子利用。通过有效的补丁管理，CISO 可以弥补云应用的缺陷。如果企业有一定的经济实力，那 CISO 还可以引进防病毒软件。此类软件有实时识别和清除病毒的能力，可以充分保护云应用的安全。

（2）在云应用的多个关键节点上部署防火墙，以阻断不法分子的攻击。防火墙可以分为两大类：开源防火墙，如 Linux Iptables、FreeBSD IPFW 等；商业防火墙，如华为、思科、Juniper（瞻博）等知名厂商推出的防火墙产品。

（3）被遗忘的云资产很可能成为不法分子的攻击目标，CISO 也不容易从中识别出入侵、攻击等不良行为。因此，CISO 要加强云资产配置和管理，争取对所有云资产都了如指掌。

（4）对信息进行分类非常重要，CISO 要将不同机密级别的信息以不同的加密方式存储在云应用中，并通过相应的鉴权措施予以访问控制。

（5）缺少攻击事件监控、预警、响应机制是导致云应用出现风险的罪魁祸首之一。为此，CISO 应该引入侵检测系统，如 OSSEC、Snort、青藤云等。

（6）定期对云应用进行风险分析是降低风险的重要手段。另外，CISO 还要让云应用安全意识深入人心，避免某个很微小的漏洞导致整个云应用安全体系失效。

在云计算不断发展的今天，云应用安全成为企业顺利完成数字化转型的关键点。对于企业来说，安全是红线，忽略安全，就可能遭受严重的损失。为了更好地保护云应用安全，CISO 应该积极与各大云平台、云厂商合作，并持续深化云应用安全建设，进一步完善云应用安全体系，坚持以安全之盾全方位护航云应用的高质量发展。

10.3 企业治理

CISO 所做的安全工作可能包括存在冲突的优先事项，对此，CISO 要采取平衡措施。有一项非常重要的工作通常没有得到 CISO 的关注——企业治理。随着 CISO 在企业中的地位越来越高，企业治理应该逐渐成为他们工作的核心，被他们认真、用心对待。

10.3.1 风险管理

Marsh（达信）和微软做过一次联合调查，79%的受访者将网络风险视为他们优先关注的五大问题之一，但只有 11%的受访者对自己企业的风险管理水平有足够的信心。美国董事联合协会的一项研究显示，66%的受访者表示企业至少在董事会上解决过一次网络风险问题，但在日常工作中，这些企业会优先考虑业务运营相关事宜。

其实很多专家对这样的数据并不感到意外,因为就现阶段而言,风险管理仍然处于发展阶段,不少 CISO 无法有效地进行风险管理,而且他们经常在这方面犯错误。

CISO 容易在风险管理方面犯哪些错误?

1. 安全操作和业务战略之间缺乏一致性

很多 CISO 不了解决策层真正关心的是什么,他们往往更重视风险本身,而不是风险对业务的影响。为了避免此问题,他们应该把风险与业务融合,并保证风险给业务带来的损失在决策层可以接受的范围内。

另外,CISO 也应该向决策层阐明与业务目标相关的风险,将如何降低风险、以多少成本降低风险、风险可以被降低到什么程度等问题告知决策层。这样 CISO 和决策层就可以对企业承担的风险有相同的了解。

2. 努力的能见度十分有限

大多数 CISO 都很努力,但努力的能见度十分有限。这主要是因为他们没有使用可以量化风险,以及阐明风险如何变化的指标。尤其是中小型企业,通常不会要求 CISO 制定并跟踪风险指标,因为这些企业缺乏资金和专业知识来实施相关工作。

无论 CISO 在什么规模的企业任职,都应该用严谨、专业的术语来量化风险,并将量化后的风险告知决策层。CISO 还要让决策层知道自己为了帮助企业降低风险所做的努力,否则结果只能是自己付出了很多却无法得到相应的回报和认可。

3. 过度使用监管和合规框架

过度使用监管和合规框架管理风险是不正确的做法。例如,有些 CISO 盲目地强调监管和合规框架,将满足监管和合规要求作为风险管理的终极目标,而不会想方设法地了解企业的个性化需求,更不会根据需求调整和优化风险管理措施。久而久之,监管和合规框架就会成为 CISO 管理风险的障碍,甚至影响安全战略的实施和落地。

4. 同等看待每一个威胁

考虑到企业面临着越来越多的威胁，CISO 为了证明自己的实力可能会试图应对所有威胁。但这种做法是错误的，因为很可能会因为效果差而稀释自己的努力，甚至增加企业的支出，花费了时间和成本，然而安全情况和风险管理能力却没有改善是决策层不想看到的。CISO 应该将重点放在最可能为企业带来麻烦和损失的威胁上，并据此制定有针对性的应对方案。毕竟企业的人力、预算都是有限的，多关注重点威胁才符合经济性原则。

5. 不考虑时间因素

CISO 都知道，解决新出现的风险，包括分析原因、做决策、采取行动等要花费一定的时间，决策层通常很在乎这一点。所以在安全计划与进度报告中加入与时间相关的内容很有必要。如果 CISO 要求 IT 人员、职能部门和自己一起应对风险，将损失降低到一个大家都可以接受的水平，那就更应该实际地考虑完成此项工作要花费多少时间。这不仅可以提升处理风险的效率，还能让 IT 人员和职能部门提前安排好时间，避免出现"撞档期"的情况。

很多安全工作都要围绕风险管理展开，但不少 CISO 容易在这方面出现错误。如果他们可以提前认识并减少错误，不断提升风险管理能力，那安全工作就能无中断地进行下去。这也有利于他们向决策层证明他们及整个安全团队的价值。

10.3.2 安全运营

近年来，网络安全工作不断突破静态、被动、孤立等方面的限制。在此背景下，CISO 应该通过安全运营来解决安全问题，为企业打造协作、共享的安全运营体系。有了这样的体系，CISO 就可以将内外部资源整合到一起，实现业务的平稳运行。

CISO 如何打造安全运营体系？

打造安全运营体系，要以整体性、动态性、开放性、相对性为核心原则，从安全运营服务、安全运营技术、安全运营治理三个维度进行规划。

维度一：安全运营服务

安全运营服务包括很多工作，其中比较重要的是安全合规及监管、安全等级测评、审计指导等。安全合规及监管是为了满足安全运营体系的建设要求，明确安全运营条件和安全技术标准；安全等级测评主要是分析企业的安全等级，指导CISO对一些不合规的地方进行调整和改造；审计指导的目的是保证安全运营体系和核心业务的合规性。

除了上述工作，安全运营服务还包括一些细节化的工作，如安全基线检查与加固、系统上线安全检查、威胁与攻击事件分析、攻防演练、应急响应处置、互联网资产分析与整合、流量风险分析与处置、应用漏洞检测、安全战略优化、威胁情报预警与响应、风险生命周期管理、风险态势感知、重大事件安全通知等。

维度二：安全运营技术

安全运营技术可以分为4个层次：视图层、功能层、数据层、基础层。

（1）视图层主要是对安全可视化、互联网资产态势、安全脆弱性态势、信息与数据安全态势、威胁与攻击事件态势、风险态势、安全保护态势等进行分析。

（2）在功能层，CISO要对漏洞、知识库、安全战略及安全计划等进行管理。

（3）数据层是对数据源、数据接入情况、数据治理模式、数据服务等进行管理。

（4）基础层由多项技术组成，包括物联网安全技术、云计算环境安全技术、大数据、应用系统安全技术、安全态势感知技术等。安全运营技术体系也围绕这些技术建设和实施。

维度三：安全运营治理

安全运营治理要求CISO定义并明确安全职能，根据安全职能设置岗位，招聘相应的高素质人才。将人才招聘进来后，CISO要对他们进行安全知识、安全意识等方面的培训。

当员工的安全专业水平提高到一定程度时，CISO 应该建立多个小组，如安全规划开发小组、风险监控与管理小组、漏洞挖掘及利用小组、威胁与攻击应急响应小组、安全问题改进小组、安全工作指挥调度小组等。这些小组要有编制，还要有完善的评估体系和考核体系。CISO 必须定期对他们进行评估和考核，保证他们的能力一直在提升。

近年来，各种各样的安全事件暴露了企业在安全运营方面的漏洞。例如，澳大利亚维多利亚州政府 3 万多名员工的个人信息被泄露；iOS 应用程序遭受恶意软件的攻击和感染；TLS 1.2 协议出现漏洞，导致大量网站瘫痪；俄罗斯 50 多家大型企业被不明黑客勒索；英特尔 CPU 出现高危漏洞，很多用户的私人数据被不法分子窃取。

随着数字化转型的进一步深化，安全事件很可能会越来越频繁地出现，企业面临的风险和挑战将更严峻。但与此同时，实用、操作便捷的安全保护设备和工具也会越来越多，再加上安全运营体系不断完善，未来 CISO 将更有能力开展安全工作，保护企业的安全。

第 11 章

人才培训：打造数字化安全人才库

> 近几年，安全人才短缺问题越来越严重，甚至影响到安全工作的正常开展。为了解决此问题，企业要重视培训，打造符合数字化需求的安全人才库。通过培训，企业也可以获得更强的内驱力，打造核心竞争优势。

11.1 持续的安全人才培训计划

细心的人应该已经发现，现在越来越多的招聘信息强调，企业将为员工提供良好的培训机会。但培训不是一件简单的事，尤其是在数字化趋势下，安全人才培训更是难上加难。本节的目的就是解决此问题，详细介绍制定安全人才培训计划的方法。

11.1.1 安全人才内生成为难题

数字化时代的企业面临着各种各样的挑战，建设完善的安全体系变得越来越重要，CISO 成为企业管理层中极具弹性和活力的成员之一。全球领导力咨询与高级人才招聘机构 Marlin Hawk 的研究报告显示，在全球范围内，企业从另一家企业招聘（"挖角"）CISO 的比例已经接近 65%。

"挖角"不是长久之计。如果企业无法拿出让 CISO 满意的好方案，那就很难吸引 CISO 从另一家企业跳槽过来。"挖角"行不通，企业又没有完善的继任计划，而且缺乏内部晋升机制，久而久之，安全人才内生就成为需要解决的难题。

如何解决安全人才"内生"问题？

要解决安全人才"内生"问题，加强培训是一个非常不错的方法。例如，上海一家企业为了解决安全人才"内生"问题建立了 CISO 培训基地，员工经过一段时间的培训，考核合格，达到任职 CISO 的标准和条件后，会被提拔为 CISO，获得相应的薪酬和福利。

在培训过程中，员工要一直住在基地里。该企业为他们准备了非常丰富的课程，包括普适性课程，如安全知识学习；攻防对抗相关课程，此类课程主要针对的是专业的中高端技术人才。另外，他们还需要学习安全管理、风险合规、安全架构设计、企业治理等课程。

基地培训在一定程度上帮助该企业解决了安全人才"内生"问题，满足了该企业对 CISO 的需求。随着技术不断发展及攻防形势的变化，该企业需要为员工安排新的知识培训和演练，而且尤其重视提升员工的实践能力。

除了对员工进行培训，营造有利于 CISO 发展的环境和氛围也十分重要。例如，企业可以制定公开、公平、公正的人才遴选制度、考核制度、激励制度，提拔有能力、安全意识强、知识储备丰富的员工成为 CISO。企业还应该尊重员工，为员工提供更有竞争力的工作条件和生活保障，让他们可以心无旁骛地保护网络与信息安全。

不断增长的安全需求让企业开始重视并想方设法地挖掘更多优秀的 CISO。在此趋势下，解决安全人才"内生"问题将成为安全工作的重中之重。

11.1.2 认知：理论融合实践，形成安全意识

与病毒对人体的伤害相似，黑客的威胁和攻击是企业数字化转型过程中的"病毒"。在与"病毒"博弈时，如果 CISO 没有很强的安全意识，不舍得为安全工作投入资源，就一定会输。为此，企业应该从精神层面入手，让安全意识真正地渗透到 CISO 心里，通过不断提升 CISO 的安全能力来预防可能出现的威胁和攻击，实现"上医治未病"的目标。

如何让 CISO 形成安全意识？

安全意识的形成通常以理论融合实践为基础。

首先，理论是基础，丰富理论储备可以让 CISO 掌握更多的基础知识，了解市场形势变化。随着数字化时代的到来，很多企业都在进行数字化转型，对 CISO 这种技术型人才的需求也有所变化。为了适应变化，CISO 必须用理论"武装"自己的头脑，不断提升专业水平，分析自己储备的理论可以服务于哪些职能部门，以及可以产生哪些价值。

其次，实践可以检验理论是否有效果。CISO 通常要依托技术和能力进行具体操作，这些操作必须在实践中反复练习，才能实现从量变到质变的升级。要培养优秀的 CISO，企业一定不能将培训局限于课堂，而是应该让他们进入真实的工作环境，亲自体验工作流程。

例如，某企业为 CISO 安排了各种各样的实践活动，包括网络与信息安全大赛、新型攻击与威胁讨论会等。这些活动极大地激发了 CISO 的热情，让 CISO 真正感受到自己作为安全责任人的重要地位。该企业还充分发挥老员工的带动作用，让老员工分享成功的实践经验，为 CISO 指明前进的方向，帮助 CISO 了解安全工作的深刻意义。

理论为实践插上了腾飞的翅膀，实践则能沉淀出更实用的理论。CISO 接受理论与实践融合在一起的培训后，就可以多提出一些"接地气"的安全措施，让保护安全的方法更有效，从而真正提升企业的安全水平和安全质量。

11.1.3 能力：举一反三，学会解决问题

对于 CISO 来说，举一反三的能力非常重要。这种能力可以帮助 CISO 打开思路，做到闻一知十、触类旁通，也可以让 CISO 更系统地掌握安全知识。但很多 CISO 并不具备这种能力，导致安全工作的效果受到影响，也阻碍了他们自己的升职加薪之路。

CISO 应该如何锻炼举一反三的能力？

对于领导安排的任务，大多数 CISO 是安排什么就做什么，并思考如何去做；一小部分 CISO 会思考为什么要这样做、这样做的目的是什么等问题。前者可以正常地按时完成任务，而后者则从领导的角度入手深入本质，挖掘任务的内核。

另外，在解决问题方面，领导和 CISO 的目标不同。CISO 希望解决一个问题，领导希望解决一类问题，甚至是整个安全体系的问题。这是因为领导有举一反三的能力，他们可以分析问题的本质和内核，然后从一个问题类推出其他更多问题。而他们对问题本质和内核的分析，就是举一反三中的"一"。

CISO 只有真正看透了"一"，对领导提出的问题有更深入的认识和思考，才能进行下一个步骤——"反三"。"反三"是一种思考模式，可以帮助 CISO 找到同类问题。但要实现"反三"，CISO 首先要有找到同类问题的意愿，即内在动机。

有了"反三"的内在动机，CISO 就可以对问题进行分析和研究，将问题拆解为多个维度，然后从更小的维度进行"反三"，并批量处理同类问题。这里应该注意的是，对同类问题的认识是一个由浅入深的过程。在此过程中，CISO 要多思考，列出思考清单，并不断问自己：同类问题还有哪些、这些问题都得到妥善解决了吗？

CISO 也可以多和同事沟通和交流，从他们那里获得启发。还有非常重要的一点是针对解决问题的方法进行思考，即思考这种方法除了可以解决某个问题，是否还能解决其他问题。经过一段时间的锻炼和经验总结，CISO 就能具备举一反三的能力。

11.1.4 CISO 认证

对于希望尽快升职加薪、走上"人生巅峰"的 CISO 来说，通过认证来润色自己的简历是一条捷径。

对于 CISO 来说，哪些认证是极具价值的？

（1）CISSP（Certified Information Systems Security Professional，信息系统安全专业认证）。此认证是信息系统安全从业人员的权威认证，认证方式为对从业人员的技术和知识积累情况进行考核和评估。对于希望将安全保护作为工作重点的 IT 人员来说，此认证很有价值。

（2）CISM（Certified Information Security Member，注册信息安全员）。此认证主要适用于负责规划、设计和管理信息系统安全的资深管理人员。但随着安全工作越来越重要，那些希望在安全行业做出成绩并晋升为领导或管理者的新手 CISO 也开始重视此认证。

（3）CRISC（Certified in Risk and Information Systems Control，风险和信息系统控制认证）。此认证可以帮助 CISO 获得更丰富的风险管理知识储备。如果 CISO 获得此认证，那就意味着他们可以设计、实施、执行控制措施和安全框架，也证明他们有能力在不影响企业发展的情况下，进一步降低风险。

（4）CEH（Certified Ethical Hacker，道德黑客认证）。有些专业人员希望提升自己对可能威胁安全的问题的认识和了解，便会努力获得此认证。

（5）CGEIT（Certified in the Governance of Enterprise IT，企业 IT 治理认证）。此认证通常比较受希望进入董事会的 CISO 的欢迎。如果 CISO 获得此认证，那他们就知道应该如何处理组织内部的治理问题，并获得晋升为 C 级高管的资格。

11.2　安全人才课程体系开发

以往的培训可能只是简单地将各类课程串联在一起，但现在的培训要让这些课程形成完整的体系。为了让培训产生更大的价值，企业必须从更高的组织维度开发课程体系，充分满足员工对培训的需求，同时保证培训理念与运营理念保持一致。

11.2.1 企业生命周期对课程体系的要求

培训是保证企业正常运营的一项重要工作。在企业的不同生命周期，这项工作发挥着不同深度、不同目的的作用。根据企业的特征和发展情况，其生命周期可以分为4个阶段：初创期、成长期、成熟期、衰退期，如图11-1所示。

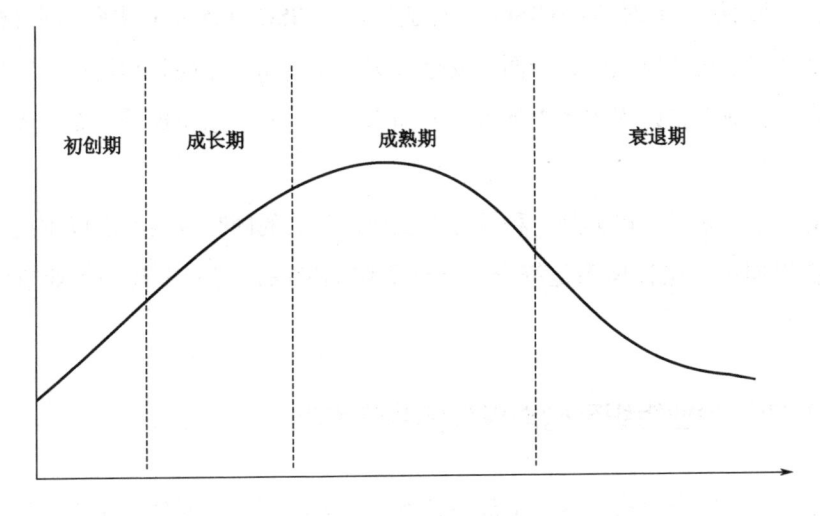

图 11-1　企业生命周期

不同生命周期对培训的要求有很大不同。为了让培训有更好的效果，企业必须根据自己所处的生命周期，为安全人才设计相应的课程体系。

如何根据生命周期设计课程体系？

处于初创期的企业规模比较小，通常只有几位核心员工负责开发产品和明确商业模式，而没有引进CISO。在这个阶段，企业可以不安排培训，也可以不设计课程体系。

课程体系通常在成长期开始设计，因为处于此阶段的企业会进行大规模扩张，CISO的地位不断提升，企业要通过培训将文化、工作流程、制度等关键点传递给CISO。在此阶段，设计课程体系的作用是复制前期积累下来的成功做法，帮助CISO迅速上岗，满足岗位需求。

到了成熟期，CISO已经探索出有效的操作模式，积累了非常丰富的经验，此时企业的重点工作是保证组织安全运营和产品质量稳定。在培训方面，企业要不断沉淀CISO的能力，根据CISO的需求和想法设计课程体系，将CISO的能力与组织的整体能力进行融合，形成CISO与组织共同成长和发展的人才培训机制。

到了衰退期，企业可能会开发新产品，并进一步调整商业模式，CISO的重要性也会更加明显。此时培训CISO的关键点是让CISO深入业务体系，同时根据企业的战略需求设计更完善、全面的安全方案，以推动企业成长和转型。在这个阶段，有些企业会在课程体系中加入安全知识学习、安全意识提升、企业成功案例分析等内容。

对于企业来说，培训是一种投资，在保证效果的同时也要考虑成本投入。根据生命周期设计课程体系是符合经济性原则的做法，有利于帮助企业节省一笔支出。

11.2.2　企业组织架构对课程体系的影响

近几年，组织架构成为一个热门话题，很大一部分原因是企业的发展进入新阶段。以往企业的时间和精力主要放在产品交付上，岗位、个人是实现目标的最小单元。换言之，企业只要加强对岗位、个人的管理，就可以实现目标。但现在企业积极进行数字化转型，甚至直接升级为一家新的企业。在这种情况下，只管理岗位和个人已经难以满足企业的需求，企业应该通过调整部门设置（即组织架构）来实现目标。

比较常见的组织架构有直线职能制、项目制、矩阵制、事业部制等。这些组织架构都是以核心能力、企业价值链、工作流程等为基础，依托企业的发展情况进行设计的。设计这些组织架构的底层逻辑是，企业首先要有愿景，然后根据愿景制定战略，最后明确关键成功要素。在明确关键成功要素时，除了要考虑企业应该具备哪些核心能力，还必须知道核心能力在后续的发展过程中会被实体化为哪些相应的部门。

不同企业所处的行业、生命周期、外部环境等有很大的不同，组织架构也不同。在培训方面，组织架构会影响课程体系的设计。

组织架构如何影响课程体系的设计？

以"铁三角"运营模式为例，该模式的核心是"以用户为中心"，但在该模式下，直线职能制组织架构不适用。因为直线职能制存在汇报周期长的问题，容易导致员工无法以更快的速度对用户的需求进行反馈和处理。采取"铁三角"模式的企业更适合将组织架构调整为以项目为单位的项目制，以便在更短的时间内响应用户的需求，解决用户提出的问题。

项目制弱化了职能部门的业务管理权限，把开展业务的权限交给了真正"上场作战"的项目组，如产品开发项目组、网络与信息安全项目组等。相应的，在项目制下，课程体系就应该以项目的工作流程为主线进行设计。在内容上要保证"所学即所用"。在方法上要实现从知识与能力学习到真正上手操作的有效迁移。

如果企业想为关键岗位提供分层级、有规划、效果好的培训，那就应该以岗位序列为基础设计课程体系。如果企业的组织架构呈现扁平化的特征，或者以项目制为主导，那就要考虑课程体系的完整性、连贯性，保证培训逻辑与工作逻辑是高度匹配的。此类企业往往比较适合以企业价值链、工作流程等为核心进行课程体系的设计。

11.2.3 五个维度梳理课程体系

梳理课程体系是一项专业且要花费很多时间、精力、财力的工作。而且培训是一种投资，出于成本控制的考虑，企业应该将有限的资源用于培训关键岗位上。

如何明确关键岗位？

在明确关键岗位时，以下5个维度是必须考虑的。

（1）岗位的目标与企业的战略目标是否匹配，以及岗位是否受到决策层重视。

（2）岗位对业绩的支持力度。例如，在很多企业中，网络与信息安全岗位就被视为一个非常重要的岗位，因为它对业绩的支持力度很大。

（3）岗位的技术复杂度。如果某岗位要用到非常复杂的技术，那就意味着为该岗位的员工提供培训需要花费比较高的成本。通常该岗位一旦出现空缺，就会对企业的经营和发展产生影响。而且在招聘市场上，该岗位的人才是非常短缺的，所以企业就更要重视对他们的培训。

（4）岗位的员工规模。员工规模越大，课程体系的覆盖面越广，价值也越大。例如，360集团等巨头企业的网络与信息安全岗位通常有很多员工，为这些员工设计课程体系，就具有规模效应。

（5）岗位的新增员工规模。与老员工相比，课程体系能为新员工带来更大的价值和作用。针对网络与信息安全岗位这样的员工流动性比较大的岗位，严格按照企业的课程体系对新员工进行培训是一个非常不错的选择。

上述5个维度明确了关键岗位，接下来我们可以梳理课程体系，如图11-2所示。

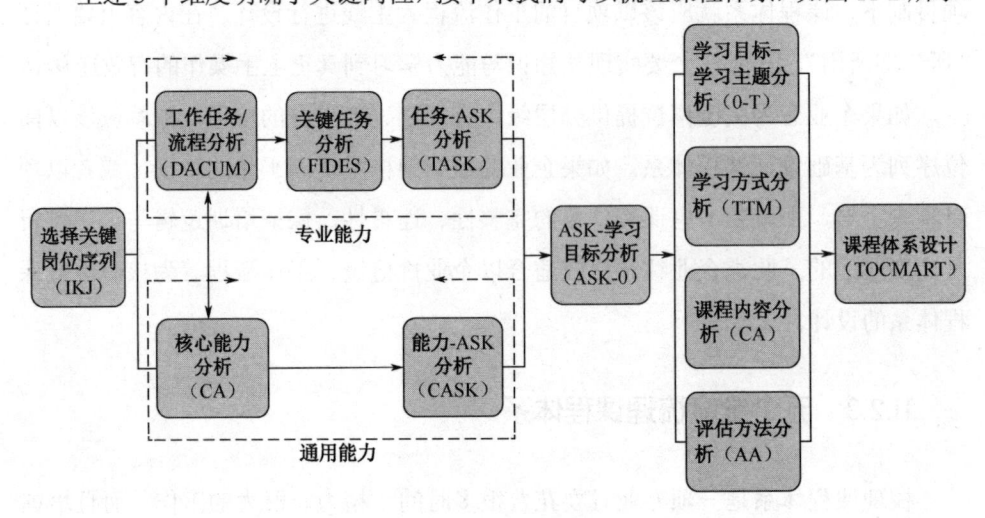

图11-2 课程体系

如何梳理课程体系？

由图11-2可知，关键岗位可以分为两类。一类是重视专业能力的岗位，此类岗位的课程体系要以工作任务为基础提炼员工所需的知识、能力、态度；另一类是重视通用能力的岗位，此类岗位的层级比较高，其课程体系要以核心能力为基础进行设计。

企业把岗位所需的知识、能力、态度提炼出来，还要将其转变为相应的学习目标。这里所说的学习目标是员工应该从课程体系中知道什么、学会什么、具备什么样的态度。一旦有了学习目标，企业就可以知道如何安排学习主题才能实现学习目标、学习主题要通过什么样的方式达到最佳效果、学习主题下面应该设立什么样的内容、什么样的评估方法可以更精准地评估学习目标是否达成。这些问题都是在梳理课程体系时必须考虑的。

最后，根据课程体系，企业可以明确各项课程的时间、学习资源、哪里。这样有利于形成培训闭环，保证培训的质量和效果。

11.3　将安全文化落到实处

安全文化对于企业来说非常重要，企业一旦形成了与众不同的安全文化，员工的凝聚力和执行力会非常强，安全工作的质量和效率也可以得到充分保障。在建设安全文化的过程中，企业要牢牢记住 4 个字：教、严、查、实。

11.3.1　教：安全教育要常抓不懈

与前几年相比，如今的安全形势已经发生了巨大变化。市场竞争导致的安全事件越来越多，英伟达、丰田、Medibank 等企业因为遭受攻击或数据被泄露而损失惨重，甚至有 CISO 因此锒铛入狱。为了应对当前的安全形势，推动数字化转型稳定开展，不少企业增加了安全预算。

与此同时，很多企业也逐渐意识到，如果安全教育跟不上，所有安全预算都可能打水漂。因此，安全教育很重要。

如何加强安全教育？

加强安全教育的关键是安排培训，引导员工学习更多安全方面的知识。例如，上海一家企业借助人工智能等技术，为员工推荐与安全相关的文章、视频、文件；还有一家企业根据员工的履历和社交信息，为员工推荐个性化的学习内容，并定期开展员工培训。

企业也可以通过员工的反馈分析需求,了解员工想学习哪些安全知识,或正在被哪些安全问题困扰,然后据此设计培训课程。

如果企业的经济实力比较强,还可以引进工具。我国某云解决方案服务商曾经推出一款融合了云计算、大数据、人工智能等技术的智能学习平台,该平台可以为企业提供组合学习方案,帮助企业满足多样化的培训需求,进一步提升员工的安全意识。

11.3.2 严:安全工作要从严管理

安全工作管理不严是很多企业的通病。一些 CISO 存在说得多做得少、抓而不实、隔靴搔痒、执行不到位等问题,导致员工精神懈怠、无心工作,企业纪律松弛。于是,安全事件频繁发生,对企业造成了巨大影响,令企业损失惨重。在这种情况下,企业要加强对安全工作的管理,以实现安全、稳定发展。

如何管理安全工作?

(1)无论企业的规模有多大,管理安全工作都是一项基本要求。没有严格、高质量的管理作为支撑,再完善的安全战略都只是空中楼阁,再好的安全措施都会成为无源之水、无本之木。所以,管理是企业永恒的主题,什么时候都不能放松。

要想切实提升管理效果,企业必须把安全工作提升到重要地位,真正练好、练扎实安全"内功"。如今,企业面临着很多未知的风险,一旦哪个环节出现管理漏洞,风险就会不期而至。风险对企业的影响十分深刻,所以 CISO 必须付出"一万"的努力,防止"万一"的发生,以达到"未亡羊,先补牢"的目标。

(2)管理安全工作是 CISO 的责任,对于安全工作不到位的情况,他们必须一抓到底,不能推脱躲闪,更不能敷衍了事。在管理过程中,他们还要有"亮剑"精神,在职责范围内管理好自己的员工,同时严格要求员工,培养员工的执行习惯,形成上下同心的管理格局。

（3）从某种意义上说，加强管理是对员工的关爱，也是对企业安全、稳定发展的最大负责。在加强管理的基础上，CISO 要为员工解决问题，需要帮助员工提升安全能力。例如，定期组织安全知识培训就是非常不错的做法，可以很好地增强员工的安全意识。

很多时候，措施的出台是落后于实际现状的，即企业经常会在发生了问题后才想方设法解决问题。对安全工作的管理也要经历一个不断完善、规范的过程，在此过程中，CISO 要让员工对管理的目的和意义有更深刻的理解，保证安全工作可以顺利开展。

11.3.3　查：安全检查要抓大防小

很多行业都奉行这样的原则——抓基础从大处着眼、防风险从小处入手，其实这个原则也非常适用于安全行业。要切实保护企业的安全，CISO 就必须重视安全检查。

如何做好安全检查？

做安全检查，要坚持"抓大防小"，对违规操作、泄露数据等影响安全的不良行为进行严格控制和管理，对小问题也绝不姑息。对于随时可能出现的风险，CISO 要不断完善风险响应制度，按照"小风险响应不过夜、大风险响应不过期、相同风险不重复出现"的标准严格检查安全工作是否到位，并积极进行安全隐患整改与防范，实现长周期的安全运营与发展。

另外，在进行安全检查时，CISO 要做到严格要求、严肃处理，对自己也应该如此。CISO 的一言一行会影响员工的行为，只有 CISO 以身作则，在安全工作上做到"顶尖"，成为员工学习的榜样，员工才会心悦诚服，主动、自愿地听从指挥。

安全检查要有配套的制度，CISO 必须带头遵守这些制度，尽量做到对每一项操作、每一个安全措施、每一次风险响应都亲自过问和监督，保证万无一失。如果在安全检查过程中发现员工违章违纪、"越雷池"，CISO 必须采取相应的惩罚措施。这样可以震慑那些没有犯错的员工，同时提升整个组织的竞争力，让整个组织更优秀、更上进。

11.3.4 实：安全措施要强化落实

重视网络与信息安全的企业都会制定安全措施，但如果安全措施仅仅停留在口头上，而没有落实，那就无法为企业解决根本问题，也无法避免数据泄露、勒索软件攻击等安全事件的发生，从而导致"前方吃紧，后方紧吃"的现象。

如何落实安全措施？

落实安全措施必须花费一番力气，CISO 除了要深入业务，还应该多听员工的意见，为员工提供指导。另外，CISO 也要找到安全漏洞并及时响应，做到"早发现，早解决"。对于安全漏洞，CISO 要防患于未然，这样才不至于在对安全团队和职能部门提了很多要求，并做了很多防范工作的情况下，依然落得个忙于"填孔补洞"的结果。

古语有云："生于忧患，死于安乐。"很多 CISO 因为手下有足够优秀的安全团队，获得了不少荣誉和光环，便认为企业永远不可能遇到安全问题。然而，不法分子会利用 CISO 麻痹和骄傲自满的心理，找到机会向企业发起攻击。

CISO 要时刻对可能出现的风险保持警惕，了解和分析安全措施的执行进度，严格监督安全措施的执行情况，做到安全措施的规范化管理。CISO 作为管理者，也要立足于长远考虑，权衡好各种关系，真正为保护企业的安全和安全团队的利益尽心、尽责、尽力。

11.3.5 杜邦安全文化：所有事故均可避免

很多企业因为心存侥幸而忽视安全工作，或者因为粗心大意而引发不必要的风险，最终遭受非常严重的经济损失和声誉影响。杜邦（Dupont）是一个有着 200 多年历史的企业，从成立到现在一直非常关注安全工作。相关数据显示，杜邦百万工时的损工事件率仅为 1，远远低于美国平均损工事件率（7.5），这也为杜邦节省了上千万美元的支出。

杜邦在安全方面取得了不错的成绩，很大一部分原因是杜邦有非常独特的安全文化。其安全文化主要包括十大基本理念。

刚刚成立时，杜邦也面临着严峻的安全挑战——伤害率居高不下（损工事件5次/年），各种"血的教训"摆在眼前。后来为了摆脱困境，杜邦开始加强安全管理，安全工作在组织内部占据了非常重要的地位，"安全"二字更是扎根于所有员工的心中，形成根深蒂固的价值观。如果不是杜邦坚持不懈地重视安全，是很难取得这样的结果的。

在杜邦，几乎所有会议都有一个不成文的惯例，即主持人的第一句话是"首先，我想向诸位介绍上周/上个月的安全情况"。另外，在会议快要结束时，主持人还会特别提示员工，如果发生紧急情况，大家应该如何保护自己。

为了让员工真正地理解和接受安全文化，杜邦要求员工在上班时和下班后都必须注意安全。这种将安全文化与工作、生活融合在一起的做法，让保护安全不再只是一句口号，也让员工意识到安全问题容不得一丝侥幸和大意，从而使员工产生价值观上的共鸣。

杜邦始终坚持自己的安全文化，将安全文化作为战略的一部分和衡量业绩的标准，并制定了一套完善、全面的安全管理方案。在安全文化的影响下，所有员工都会主动、自愿地参与风险识别和响应等工作，尽力将风险消灭在萌芽状态，帮助杜邦实现了"0"伤害率。

杜邦虽然不是360集团、奇安信那样专业的网络与信息安全企业，但它在安全方面的成功经验，以及对安全工作一丝不苟的精神，非常值得CISO学习和借鉴。

第 12 章

前景展望：CISO 未来进阶路径

> 如今，安全形势越来越严峻，安全监管和处罚力度不断加大，随之而来的是安全工作涉及的内容的广度和深度都发生了很大变化。CISO 作为安全工作的负责人和主导者，要尽快适应新趋势，想好自己未来要如何成长。

12.1 未来的 CISO

安全工作是复杂、不容易处理的，让很多 CISO 因此而夜不能寐。但如果 CISO 能够沉下心来，冷静、认真地思考和回顾自己的职业生涯，或许可以从中发现很多意义深刻、有价值并充满乐趣的内容。这些内容是 CISO 坚持在安全行业摸爬滚打的重要动力。

12.1.1 CISO 是未来企业不可或缺的岗位

域名注册服务商 Nominet 曾经发布一份针对 CISO 的调查报告——《墙内的生活，解读当代 CISO》。该报告显示，很多领导认为，CISO 在保护安全方面为企业带来了巨大价值。麻省理工学院斯隆管理学院网络安全执行总监科里·皮尔森（Keri Pearlson）也明确表示，在这个全新的数字化时代，很多企业已经看到了 CISO 为组织创造的大量发展机会。可以说，CISO 身上所具备的优势让他们成为组织内不可或缺的存在。

CISO 的哪些优势让他们变得不可或缺?

(1) 有经验的 CISO 能深入地分析企业面临的风险,并知道如何将员工、流程、技术等进行优化组合以抵抗各类威胁和攻击,帮助企业实现最高等级的安全保护。

(2) CISO 有敏锐的洞察力和丰富的专业知识,可以为业务运营带来积极影响。如今,很多企业的决策层已经意识到 CISO 对业务的重要性,在决策重视 CISO 的意见和建议,并大力支持 CISO 提出的安全方案和安全项目。

(3) CISO 通常要有 IT 管理或网络部署方面的技术背景,知道应该如何安全地使用数据,并在此基础上打造一个安全框架,帮助企业以更低的风险执行安全措施。

(4) CISO 可以将企业的安全战略传达给员工、董事会、外部合作伙伴等,并向他们说明安全工作的重要性及如何部署安全战略,帮助他们树立安全意识。

(5) 在企业中,CISO 是深入了解业务需求的人,他们知道业务需求与网络及其相关基础架构的关系,也会定期向业务部门解释网络安全的工作原理。当企业的系统或设备出现异常情况,影响业务正常运营时,CISO 会及时了解异常情况并采取一定的措施。

(6) CISO 知道应该如何遵守与安全相关的各种法律。特别是在传输或存储敏感数据时,CISO 不仅会保证整个过程是合规的,还会制定完善的数据保护机制。

从当前的大环境来看,安全行业的发展前景大好,扎根于此行业的 CISO 也因为自身优势受到了企业的重视。在数字化时代,CISO 无疑既有前途,又有"钱途"。

12.1.2 推动企业变革

数字化时代的 CISO 有一个非常重要的作用——推动企业变革,因此他们也被称为变革型 CISO。他们擅长解决棘手问题，优化企业的不足之处，帮助企业打破数据孤岛。另外，他们可以设计、交付和执行安全方案，满足企业对安全的需求，支持企业的战略愿景，又能与同事协作，共同完成规模更大、更有挑战性、更棘手的工作，推动企业不断向前发展。

变革型 CISO 有什么特征？

（1）变革型 CISO 充满活力，元气满满，而且适应能力极强。面对突如其来的威胁和攻击，他们能够迅速反应、冷静处理。

（2）变革型 CISO 往往性格外向，会直言不讳地说出企业存在的安全问题。他们能想方设法地与决策层建立共识，也能将安全工作融合到企业的变革过程中。

（3）变革型 CISO 拥有很强的沟通能力，可以将各个职能部门连接在一起，以更强的力量推动企业甚至行业的变革。

（4）变革型 CISO 对安全工作和各项新技术非常好奇，对影响企业的所有事及企业如何才能更安全等问题有更深入的思考。

（5）变革型 CISO 有极强的主动性，而且很有远见。他们能清楚、精准地为企业指明方向，帮助企业规划好未来的安全任务。

（6）变革型 CISO 会将推动变革作为自己的愿景和目标。他们不仅可以凝聚手下的安全团队，还可以与其他职能部门建立联系，鼓励大家一起朝着既定的愿景和目标前进。

推动变革的过程其实也是 CISO 不断学习、成长的过程。在这个过程中，他们倡导自己奉行的价值观，为同事提供帮助和支持，对整个企业都会产生积极影响。

12.1.3 领导多元化的团队

网络安全人才短缺，如果 CISO 可以成为安全行业的佼佼者，就可以利用自己的影响力推动行业前进，并引导和鼓励更多人才投身于这个行业。例如，某企业曾经推出安全倡导者计划（Security Champions Program），这不仅可以助力 CISO

招聘到多元化的人才，还能够充分激发他们的工作热情和积极性。

CISO 也可以多和一些高校互动，吸引优秀的毕业生加入安全行业。从远程/异地工作模式流行开始，毕业生就更容易在安全行业获得工作机会。他们作为职场新人，有极强的动力和创造力帮助安全行业发展壮大，也能为安全行业带来更先进、更灵活的文化。

刚刚加入安全行业的新人可能会因为对工作环境或工作节奏不熟悉而倍感压力。此时 CISO 作为有经验的老手，就要定位好自己的角色，帮助新人尽快适应安全行业。

CISO 如何定位自己的角色？

角色一：成长教练

CISO 要把新人当作自己的徒弟，为他们打造一个充满安全感和幸福感的工作环境，帮助他们尽快适应新岗位。另外，CISO 还要给予他们足够的陪伴，努力成为贴心的成长教练。

角色二："空白地带"大师

有些 CISO 善于挖掘新人身上所独有的，其他人不太会注意到的品质。在未来的工作中，这些品质很可能成为新人的爆发点，帮助新人做出优秀的成绩。CISO 挖掘出新人的独特品质后，就可以鼓励并指导新人最大化地发挥这些品质的作用。

角色三："生态系统"园丁

"生态系统"是指在关联的不同参与者之间形成循环。无论是 CISO 还是新人，想在充满不确定性的时代取得成功，单打独斗是不行的。CISO 作为新人的领导，要将新人连接在一起建立契约，让新人在"生态系统"中可以实现平等、高频率的沟通和交流。CISO 还要像园丁一样保护"生态系统"，主动制定边界防御措施。

未来，网络与信息安全将变得越来越重要，进入安全行业的新人也会不断增多。这些新人的性格、特征、能力、经验、教育背景有很大差异，可以一起组成多元化的团队。而 CISO 则要负责管理团队，并在管理过程中根据新人的需求确定自己应该扮演什么角色。

12.2 CISO 的前景展望

安全服务供应商 Proofpoint 曾经对全球上千位 CISO 进行了调查，希望了解他们对安全职业的前景有什么想法。大多数受访者都表示自己很看好安全职业，因为随着数字化时代的到来，这份职业特有的魅力已经开始显现。根据调查结果可以知道，未来将出现更多有利的因素吸引优秀、高素质的人才进入安全行业，为安全行业呈现"百花争艳"的景象。

12.2.1 CISO 有良好的就业前景

2023 年 3 月 29 日凌晨，很多网友宣称微信等腾讯旗下的社交软件出现异常，一些功能，如账号登录、文件传输、朋友圈、支付等都无法正常使用。当时话题"微信出现异常"迅速冲上微博热搜榜，网友纷纷表达自己的不满情绪，如图 12-1 所示。

图 12-1 网友评论

为了降低影响，腾讯微信团队立刻在微博上发布公开声明，向网友表达了歉意（如图 12-2 所示）。后来经过腾讯的调查，发现此次事件是电信机房冷却系统出现故障导致的，不过好在故障当天就被修复了。虽然此次事件造成的损失不是特别严重，但腾讯的管理层一致认为，一些部门的安全意识需要增强，同时决定对这些部门及其领导进行问责和处罚。

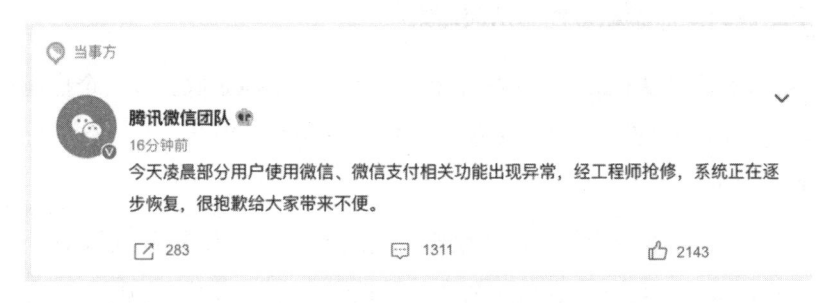

图 12-2 腾讯微信团队声明

腾讯对安全问题的重视程度可圈可点，其应对此次事件的态度也反映了一个问题：越来越多企业，尤其是大型企业都开始关注安全问题。但在目前的就业形势下，CISO 严重短缺，意味着 CISO 的就业前景一片大好。

相关数据显示，2023 年，我国网络安全市场规模约为 640 亿元，同比增长 1.1%。在这样的市场形势下，安全行业的招聘规模变得更大，企业对高素质、能力强的 CISO 产生了非常强烈的需求。可以说，CISO 的就业黄金期已经到来。

在招聘 CISO 时，不同企业通常会对 CISO 的实战能力有不同需求。CISO 的实战能力主要体现在渗透测试、漏洞发现与利用、应急响应、资产梳理、追踪溯源、安全研究、防御加固、逆向分析等多个方面。

另外，不同岗位对上述实战能力的重视程度也有很大差异。例如，企业要招聘 Web 安全工程师、安全服务工程师、安全运营工程师等岗位，就会更关注渗透测试方面的能力。如果企业招聘的是安全攻防研究员、安全运维工程师，那就更应该重视漏洞发现与利用能力。

总之，无论是 CISO 还是与 CISO 息息相关的安全服务工程师、安全运维工程师等，都要尽量修炼复合型能力。因为即使安全行业的就业前景大好，掌握核心技术、知识储备丰富的实战型和实用型人才也是企业招聘时的首选。

12.2.2　安全职业更具使命感和责任感

大多数 CISO 之所以热爱安全职业，是因为这份职业不仅可以满足他们积累财富的需求，还能让他们获得使命感和责任感，体现自己的价值。

安全职业的使命感和责任感从何而来？

（1）CISO 要做很多工作，才能让企业主动、自发地采取更多安全措施，以保护自己免受不法分子的伤害。当 CISO 通过自己的努力帮助企业远离风险时，使命感会油然而生。

（2）CISO 管理着安全团队，如果安全团队的能力越来越强，那 CISO 将以饱满的热情和极强的积极性完成自己的任务，也会产生作为管理者的责任感。

（3）CISO 有能力改变员工的安全观念，并帮助员工将新观念应用到工作和生活中。这样员工的安全成熟度会有所提升，而且还会向亲朋好友传授自己的安全经验。这些都可以很好地体现出安全职业的意义和价值。

（4）整个安全行业都在努力保护企业、政府关键基础设施，以及医院、银行等公共服务机构的安全，目的是为全社会创造财富。CISO 也参与其中，并从中获得极强的自豪感。

从长远来看，一份职业能够带给人们深刻的意义和价值，以及使命感和责任感，人们才会长时间地保持干劲儿。安全职业就是这样一份职业，它不仅能给从业者带来影响力、成就感，还可以激发以 CISO 为代表的从业者的热情和积极性，使其不断为企业、社会做出贡献。

12.2.3　CISO 能接触更多充满关爱、相互合作的伙伴

未来，安全行业的规模会越来越大，CISO 有机会认识一群非常优秀、积极、真诚、有爱心的伙伴。CISO 偶尔会经历孤独且漫长的夜晚，或者要熬过艰难的时光，可能还会有深深的无助感和无力感，而这些有爱心的伙伴会为 CISO 提供温暖。

CISO 会和自己的伙伴团结在一起，分享成功经验，学习安全知识，也会相互鼓励，携手捍卫企业的安全。他们都是真正愿意为安全行业付出的人。对于他们来说，为彼此的成功和自己所热衷的安全事业而努力是很值得的。

如果 CISO 身边缺少伙伴，那可以想方设法地建立自己的社交圈，吸引更多人与自己合作。例如，有些 CISO 积极和在校生、毕业生、资深专业人员建立人际关系，并为维护这段关系投入很多时间和精力。

如今，能在工作和生活中集结一群志同道合的伙伴非常不容易。正因为如此，CISO 才愿意付出更多努力来换取大家的信任和喜爱。一旦有了知根知底且能相互支持的伙伴，CISO 就可以在遇到问题和挫折时获得更多帮助。CISO 还要牢牢抓住社交圈背后的机会，整合众人的力量将机会转变为实实在在的成绩和财富。

反侵权盗版声明

电子工业出版社依法对本作品享有专有出版权。任何未经权利人书面许可，复制、销售或通过信息网络传播本作品的行为；歪曲、篡改、剽窃本作品的行为，均违反《中华人民共和国著作权法》，其行为人应承担相应的民事责任和行政责任，构成犯罪的，将被依法追究刑事责任。

为了维护市场秩序，保护权利人的合法权益，我社将依法查处和打击侵权盗版的单位和个人。欢迎社会各界人士积极举报侵权盗版行为，本社将奖励举报有功人员，并保证举报人的信息不被泄露。

举报电话：（010）88254396；（010）88258888

传　　真：（010）88254397

E-mail：　dbqq@phei.com.cn

通信地址：北京市万寿路173信箱

　　　　　电子工业出版社总编办公室

邮　　编：100036